Georges Rodenbach

Le Règne
du silence

Poème

Des six parties qui composent ce poème, l'une a paru en 1888, sous forme de plaquette, avec le titre : DU SILENCE.
Elle est restituée ici à la fin du poème achevé : LE RÈGNE DU SILENCE, qu'elle clôt, selon l'ordre logique du plan d'ensemble.
Les cinq autres parties sont complètement inédites.

La vie des chambres

I

Les chambres, qu'on croirait d'inanimés décors,
– Apparat de silence aux étoffes inertes –
Ont cependant une âme, une vie aussi certes,
Une voix close aux influences du dehors
Qui répand leur pensée en halos de sourdines…

Les unes, faste, joie, un air de nonchaloir !
D'autres, le résigné sourire d'un parloir
Qui fit vœu de blancheur chez les Visitandines ;
D'autres encore, grand deuil des trahisons d'un Cœur,
Mouillant les bibelots de larmes volatiles ;

Chambres qui sont tantôt bonnes comme une sœur,
Puis accueillent tantôt avec des yeux hostiles,
Quand on trouble leur rêve au fil nu du miroir,
Leur rêve d'Ophélie au miroir d'eau dormante !

Elles ont une vie étrange qui s'augmente
Des souvenirs que les vieux portraits dans le soir
À leur front d'Ophélie, en guirlandes fanées,
Vont effeuillant dans le miroir languissamment,
Souvenirs presque plus roses d'autres années !

Chambres pleines de songe ! Elles vivent vraiment
En des rêves plus beaux que la vie ambiante,
Grandissant toute chose au Symbole, voyant
Dans chaque rideau pâle une Communiante
Aux falbalas de mousseline s'éployant
Qui communie au bord des vitres, de la Lune !
Et voyant dans le lustre une Âme de cristal
Qui crispe au moindre heurt ses branches une à une,
Sensitive de verre à qui le bruit fait mal.
Chambres pleines de songe et qui, visionnaires,
Parmi leur rangement strict et méticuleux,

Prennent les grands fauteuils pour des vieillards frileux
En cercle dans la chambre et valétudinaires.

II

Douceur d'associer notre âme à cette vie
Des chambres, qui du moins sont bonnes à nos maux ;
Car, pour nous consoler, il ne faut pas des mots
Et leur silence aux linges frais nous lénifie
– Tel un malade entrant dans un lit rafraîchi !
Ah ! qu'on nous recajole ! ah ! quel mal à nos membres !
Et cet immense ennui que rien n'aura fléchi !
Et ce mal à notre âme en exil… Mais les chambres
Sont accueillantes, sont des mères sachant bien
Le cœur de notre cœur, et jusqu'à la nuance…
Elles ont des douceurs et des baumes ! Combien
Consolante est leur paix dont l'âme s'influence ;
Et quel soudain oubli de tout ! quel réconfort
Quand le vague soupir des choses nous y berce,
Respiration lente et qui, rythmique, endort
Comme un bruit d'eaux, ou de jardin sous une averse !

III

Oui ! c'est doux ! c'est la chambre, un doux port relégué
Où mon rêve, lassé de tendre au vent ses voiles,
Dans le miroir tranquille et pâle s'est cargué.
Las ! sans plus espérer des sillages d'étoiles,
Et des départs vers des Îles, mon rêve dort
Dans le profond miroir, comme en un canal mort ;
Et faut-il désirer un coup de vent qui chasse
En pleine mer, cette âme à l'ancre dans la glace ?

IV

Mon âme, tout ce long et triste après-midi,
A souffert de la mort d'un bouquet, imminente !
Il était, loin de moi, dans la chambre attenante

Où ma peur l'éloigna, déjà presque engourdi,
Bouquet dépérissant de fleurs qu'on croyait sauves
Encore pour tout un jour dans la pitié de l'eau,
Gloxinias de neige avec des galons mauves,
Bouquet qui dans la chambre éteignait son halo
Et se désargentait en ce soir de dimanche !
Mon âme, tu souffris et tu t'ingénias
À voir ta vie, aussi fanée et qui se penche,
Agoniser avec ces doux gloxinias.
Or me cherchant moi-même en cette analogie
J'ai passé cette fin de journée à m'aigrir
Par le spectacle vain et la psychologie
Douloureuse des fleurs pâles qui vont mourir.
Triste vase : hôpital, froide alcôve de verre
Qu'un peu de vent, par la fenêtre ouverte, aère
Mais qui les fait mourir plus vite, en spasmes doux,
Les pauvres fleurs, dans l'eau vaine, qui sont phtisiques,
Répandant, comme en de brusques accès de toux,
Leurs corolles sur les tapis mélancoliques.
Douceur ! mourir ainsi sans heurts, comme on s'endort,
Car les fleurs ne sont pas tristes devant la mort,
Et disparaître avec ce calme crépuscule
Qui d'un jaune rayon à peine s'acidule.

V

Le miroir est l'amour, l'âme-sœur de la chambre
Où tout d'elle : le lustre en fleur, les bahuts vieux,
La statuette au dos de bronze qui se cambre,
Se réfléchit en un hymen silencieux.
Car l'amour n'est-ce pas n'être plus seul et n'est-ce
Pas se doubler par un autre meilleur que soi ?
Or la chambre se double au fond du miroir coi
Avec un renouveau de songe et de jeunesse ;
Mais les Choses pourtant entre le cadre d'or
Ont un air de souffrir de leur vie inactive ;
Le miroir qui les aime a borné leur essor
En un recul de vie exiguë et captive ;

Et l'amour absorbant et profond du miroir
Attriste d'infini la chambre, qui se doute
D'un désaccord entre eux aux approches du soir,
Sentant que le miroir ne la contient pas toute !

VI

Dans l'angle obscur de la chambre, le piano
Songe, attendant des mains pâles de fiancée
De qui les doigts sont sans reproche et sans anneau,
Des mains douces par qui sa douleur soit pansée
Et qui rompent un peu son abandon de veuf,
Car il refrémirait sous des mains élargies
Puisqu'en lui dort encore l'espoir d'un bonheur neuf.
Après tant de silence, après tant d'élégies
Que le deuil de l'ébène enferma si longtemps,
Quelle ivresse si, par un soir doux de printemps,
Quelque vierge attirée à sa mélancolie
Ressusciterait de lui tous les rythmes latents :
Gerbe de lis blessés que son jeu lent délie ;
Eau pâle du clavier où son geste amusé
– Rafraîchi comme ayant joué dans une eau claire –
Ferait surgir un blanc cortège apprivoisé,
Cygnes vêtus de clair de lune en scapulaire,
Cygnes de Lohengrin dans l'ivoire nageant !

Hélas ! le piano reste seul et morose
Et défaille d'ennui par ce soir affligeant
Où dans la chambre meurt une suprême rose.
La nuit tombe ; le vent fraîchit ; nul n'est venu
Et, résigné parmi cette ombre qui le noie,
Il refoule dans le clavier désormais nu
Les possibilités de musique et de joie !

VII

Les vitrages de tulle en fleur et de guipures
Pendent sur les carreaux en un blanc nonchaloir ;
On y voit des bouquets comme des découpures

Adhérant sur la vitre au verre déjà noir.
Mais le tulle est si loin, encore qu'il les effleure,
Et ne s'y mêle pas, en vivant à côté ;
Les blancheurs des rideaux n'étant au fond qu'un leurre
Qui laisse aux carreaux froids toute leur nudité !
Et leurs frimas figés, flore artificielle,
Ne font pas oublier aux vitres d'autres soirs
Où de réelles fleurs naissent des carreaux noirs,
Des fleurs que la gelée élabore et nielle,
– Au lieu de ce grésil de linge mensonger –
Songe de fleurs qui ne leur est plus étranger,
Blancheurs où leur cristal se sent brusquement vivre,
Ramages incrustés dans le verre, et brodés
Sur les carreaux qui s'en sont tout enguirlandés,
Rideaux incorporés en dentelles de givre !

VIII

L'obscurité, dans les chambres, le soir, est une
Irréconciliable apporteuse de craintes
En deuil, s'habillant d'ombre et de linges de lune,
Elle inquiète ; elle a de félines étreintes
Comme une eau des canaux traîtres où l'on se noie.
L'obscurité, c'est la tueuse de la Joie
Qui dépérit, bouquet de roses transitoires,
Quand elle y verse un peu de ses fioles noires.
L'obscurité s'installe avec le crépuscule ;
Elle descend dans l'âme aussi qui s'enténèbre ;
Sur le miroir heureux tombe un crêpe funèbre ;
La clarté, dirait-on, est blessée et recule
Vers la fenêtre où s'offre un linceul de dentelle.
L'ombre est un poison noir, d'une douceur mortelle !
Et voici qu'on frémit d'on ne sait quoi… c'est l'heure
Où le vol libéré des âmes nous effleure ;
Ah ! quel trouble ! Et les peurs, les peurs dominatrices
Dans les rideaux des lits agitant des fantômes !
Et ces sachets du linge aux sensuels arômes !
Et les lampes, là-bas, rouvrant leurs cicatrices,

Qui vont recommencer à faire saigner l'ombre !
Mais l'ombre se défend contre les lampes frêles,
Épaississant dans les angles sa force sombre
– On écoute les moucherons griller leurs ailes.
Et l'on soupçonne, à voir mourir les bestioles,
Que c'est l'obscurité qui se venge ainsi d'elles
Pour avoir aimé mieux que ses noires fioles
Le soleil qui revit dans les lampes fidèles !

IX

Chaque rêve, les soirs de rêve, qu'on formule
À l'air de s'évader de nous languissamment
Et de traîner par la chambre comme une bulle
Portant la part d'azur au fond de nous dormant ;
Globes fragiles, or et bleu, boules de verre
Où tout le luxe clair de la chambre est miré.
L'une suit l'autre ; l'une est vacillante, elle erre
Avec une lenteur de flocon expiré ;
D'autres rôdent d'un air perdu de somnambules,
Ayant peur des rideaux, ayant peur du plafond,
Car, se heurter un peu, c'est la mort… Elles vont !
La chambre fait silence et jongle avec ces bulles.
Or le miroir cruel les attire. Voici
Qu'elles virent dans l'air vers la clarté du piège,
Croyant l'espace libre en ce cadre transi
Dont le leurre recule un chemin qui s'abrège.
Mais toutes, arrivant près du miroir blafard,
Où leur illusion voyait une fenêtre
Ouverte à l'infini, sur l'infini peut-être,
Y sentent éclater leur cristal plein de fard…
– Symboles de la fuite éparse de nos Rêves
Qui vont vite mourir au fond des glaces brèves.

X

Quand le soir est tombé dans la chambre quiète
Mélancoliquement, seul le lustre émiette

Son bruit d'incontenté dans le silence clos.
Lustre toujours vibrant comme un arbre d'échos,
Lustre aux calices fins en verre de Venise
Où la douleur de la poussière s'éternise,
Mais en gémissements qu'à peine on remarqua,
Grêles comme un chagrin lointain d'harmonica.
C'est une panoplie aux cliquetis de verre
Où l'on entend le bruit blessé qui persévère ;
C'est un grand reliquaire à l'aspect végétal
Où d'invisibles pleurs, captifs dans le cristal,
Roulent en sons mouillés parmi les pendeloques.
Lustre, fontaine blanche aux givres équivoques ;
Lustre, jet d'eau gelé, mais où l'eau souffre encore…
Ce lustre, c'est mon Cœur visible en ce décor
Qui frissonne en sourdine et sans cesse s'afflige,
Jet d'eau fleurdelisé dont la plainte se fige !

XI

Les chambres vraiment sont de vieilles gens
Sachant des secrets, sachant des histoires,
  – Ah ! quels confidents toujours indulgents ! –
Qu'elles ont cachés dans les vitres noires,
Qu'elles ont cachés au fond des miroirs
Où leur chute lente est encore en fuite
Et se continue à travers les soirs,
Chute de secrets dont nul ne s'ébruite !

Les chambres vraiment sont de bons vieillards
Et ce sont aussi de bonnes aïeules ;
Eux, rêvent tout bas à d'anciens départs ;
Elles prennent peur quand elles sont seules,
Tristes pour jamais d'avoir vu mourir.
Voilà la douleur toujours actuelle,
La douleur humaine et contre laquelle
Les chambres en deuil n'ont pu s'aguerrir ;
Se remémorant encore la minute

Où jadis telle Âme, à la fin du soir,
S'envola soudain dans l'air du miroir
Et depuis ce temps y poursuit sa chute.

XII

Dans les chambres, comme ils parlent, les vieux portraits
Dont la bouche a gardé des roses d'azalées ;
Comme ils parlent tout bas, malgré leurs yeux distraits
Qui regardent au loin des choses en allées ;
Ils parlent dans le soir d'un air avertisseur
Et disent d'être doux et d'être bénévoles ;
Ils ont des mots ouatés et blancs de confesseur,
Des mots tels qu'on en lit au long des banderoles
Peintes, dans les missels, aux lèvres des élus
fils parlent lentement, avec des voix si nulles !
Voix comme en rêve ; voix en conciliabules,
S'appareillant avec leurs yeux irrésolus.
Voix dans l'absence ; voix tristes qui semblent veuves ;
Voix dans l'éloignement et qu'on dirait venir
D'au-delà des jardins et d'au-delà des fleuves…
Ah ! ces voix des portraits quand le jour va finir !
Portraits d'aïeux, portraits d'aïeules ingénues
Que nous aimons un peu sans les avoir connues ;
Portraits anciens, portraits d'il y a si longtemps,
Avec qui nous causions souvent dans le silence
Quand l'ombre s'épandait en noirs tulles flottants,
– Posthumes entretiens où l'âme se fiance !
Telle aïeule surtout en blanc déshabillé
De linge suranné dont le fichu se croise
Qui souriait, la bouche encore un peu narquoise,
Mais de qui le sourire avait l'air effeuillé !

XIII

Quand on rentre chez soi, délivré de la rue,
Aux fins d'automne où, gris cendré, le soir descend

Avec une langueur qu'il n'a pas encore eue,
La chambre vous accueille alors tel qu'un absent…

Un absent cher, depuis longtemps séparé d'elle,
Dont le visage aimé dormait dans le miroir ;
Ô chambre délaissée, ô chambre maternelle
Qui, toute seule, eût des tristesses de parloir.

Mais pour l'enfant prodigue elle n'a que louanges…
L'ombre remue au long des murs silencieux :
C'est le soir nouveau-né qui bouge dans ses langes ;
Les lampes doucement s'ouvrent comme des yeux,

Comme les yeux de la chambre, pleins de reproche
Pour celui qui chercha dehors un bonheur vain ;
Et les plis des rideaux, qu'un frisson lent rapproche,
Semblent parler entre eux de l'absent qui revint.

*
* *

La chambre fait accueil ; et le miroir lucide
Pour l'absent qui s'y mire, est soudain devenu
Son Portrait – grâce à quoi lui-même il élucide
Tant de choses sur son visage mieux connu,

Des choses de son âme obscure qui s'avère
Dans ce visage à la dérive où transparaît
Son identité vraie au fil nu du portrait,
Pastel qui dort dans le miroir comme sous verre !

XIV

Dans l'air fraîchi, venant d'où, déclose comment ?
Vers moi, par la fenêtre ouverte, une musique
Déferle à petites vagues si tristement.
Elle me fait à l'âme un mal presque physique.
Confuse comme un songe… Est-ce d'un piano,
Est-ce d'un violon méconnu qui s'afflige

Ou d'une voix humaine en élans comme une eau
D'un jet d'eau qui s'effeuille en larmes sur sa tige.
Ah ! la musique triste en route dans le soir,
Qui voyage en fumée, en rubans, qui sinue
En forme de ruisseaux pauvres dans l'ombre nue,
Et trace de muets signes sur le ciel noir

Où l'on peut suivre et lire un peu sa destinée
Dont les lignes du son tracent la preuve innée,
Chiromancie éparse, oracle instrumental !

Puis s'embrouille dans l'air la musique en partance,
Éteignant peu à peu ses plaintes de cristal
Qu'on s'obstine à poursuivre aux confins du silence.

XV

Songeur, dans de beaux rêves t'absorbant,
La pendule, à l'heure où seul tu médites,
T'afflige avec ses bruits froids, stalactites
Du temps qui s'égoutte et pleure en tombant.

C'est une eau qui filtre en petites chutes
Et soudain se glace aux parois du cœur ;
Et cela produit toute une langueur
L'émiettement de l'heure en minutes.

Collier monotone et désenfilé
De qui chaque perle est pareille et noire,
Roulant parmi la chambre sans mémoire ;
Piqûres du temps ; tic-tac faufilé.

Ah ! qu'elle s'arrête un peu, la pendule !
Toujours l'araignée invisible court
Dans le grand silence, avec un bruit sourd…
Et ce qu'elle mord, et nous inocule !

La peur que demain soit comme aujourd'hui,
Que l'heure jamais ne sonne autre chose :

Un destin réglé dans la chambre close ;
Un peu plus de sable au désert d'ennui.

XVI

On aura beau s'abstraire en de calmes maisons,
Couvrir les murs de bon silence aux pâles ganses,
La Vie impérieuse, habile aux manigances.
À des tapotements de doigts sur les cloisons.

Dans des chambres sans bruit on aura beau s'enclore,
On aura beau vouloir, comme je le voulais,
Que le miroir pensif soit de nacre incolore,
Un peu de clarté mire à travers les volets.

Et l'on entend toujours la plainte de la Vie !
Car, malgré notre vœu d'exil, nous nous créons
Une âme solidaire et qui s'identifie
Avec la rue en pleurs dans les accordéons.

Et peut-on empêcher ses vitres sous la pluie
D'être comme un visage exsangue, couronné
Par des épines d'eau que le vent obstiné
Tresse parmi le verre en pleurs, que nul n'essuie !

Vitres pâles, sur qui les rideaux s'échancrant
Sont cause que toujours la Vie est regardée ;
Vitres : cloison lucide et transparent écran
Où la pluie est encore de la douleur dardée.

Vitres frêles, toujours complices du dehors,
Où même la musique, au loin, qui persévère,
Se blesse en traversant le mensonge du verre
Et m'apporte sanglants ses rythmes presque morts !

Ainsi la Vie encore par les carreaux m'obsède,
Car toutes les douleurs sans nom qu'on oubliait :
Les cloches, le feuillage – éternel inquiet –
La pluie, et jusqu'au cri d'une fleur qui décède,

16

Tout cela qui gémit parmi le soir tombé
Attire mon esprit dans les vitres, doux piège
Où les larmes, les glas, les rayons morts, la neige
Se mêlent dans le verre à l'azur absorbé.

XVII

Les chambres, dans le soir, meurent réellement :
Les persiennes sont des paupières se fermant
Sur les yeux des carreaux pâles où tout se brouille ;
Chaque fauteuil est un prêtre qui s'agenouille
Pour l'entrée en surplis d'une Extrême-Onction ;
La pendule dévide avec monotonie
Les instants brefs de son rosaire d'agonie ;
Et la glace encore claire offre une Assomption
Où l'on devine, au fond de l'ombre, un envol d'âme !
Quotidienne détresse ! Âme blanche du jour
Qui nous quitte et nous laisse orphelins de sa flamme !
Car chaque soir cette douleur est de retour
De la mort du soleil en adieu sur nos tempes
Et de l'obscurité de crêpe sur nos mains.
Ô chambres en grand deuil où jusqu'aux lendemains
Nous consolons nos yeux avec du clair de lampes !

Le cœur de l'eau

Être le psychologue et l'ausculteur de l'Eau,
Étudier ce cœur de l'Eau si transitoire,
Ce cœur de l'Eau souvent malade et sans mémoire.
L'Eau si pâle ! on dirait une sœur du bouleau
Par le fard du couchant à peine un peu rosée ;
Mais, dormante, elle rêve à d'orageuses mers,
Et, somnolente, elle est la Grande Névrosée
En qui se plaint sans cesse un écheveau de nerfs,
Fils cachés, fils souffrants ramifiés en elle
Et qui parfois en des frissons, en des remous
Crispent sa nudité d'une douleur charnelle !

Mais le mal est au cœur qui s'afflige dessous,
Cœur impressionnable et sous trop d'influences
Puisque le ciel, jusqu'aux plus minimes nuances,
Rêve d'y transvaser son infini changeant.
À peine d'elle-même et de son cœur qui dure
Quelques endimanchés nénuphars émergeant
Comme son propre songe en un peu de verdure…

Maladif cœur de l'Eau qui ne s'appartient pas !
Mais si soumise au ciel, si faible l'Eau soit-elle,
Elle cache sa peine en de muets combats,
Sachet inviolé dans des plis de dentelle !
Pourtant on la devine en proie à l'Idéal
Et qu'elle a les langueurs, sous ses ondes mobiles,
Des filles de treize ans qui deviennent nubiles.
Et l'on dirait aussi que, parmi l'Eau, le mal
Mystérieux d'une puberté s'élabore :
Troubles, frissons, pâleurs, émoi d'on ne sait quoi,
Quand chaque nénuphar comme un sein vient d'éclore,
Sein nouveau-né, doux gonflement qui se tient coi !
Ah ! ce cœur de l'Eau vaste en qui tout s'amalgame,

Ce cœur de l'Eau plus compliqué qu'un cœur de femme,
Il faudrait pourtant bien un peu l'analyser.
Oui ! mais l'Eau ne veut pas que quelqu'un la révèle ;
Et brusquement tous les décors sombrent en elle
Dans un grand coup de vent, troublant comme un baiser !
Et la voilà, pour que rien d'elle ne s'avère,
Qui s'est enfuie au fond de sa maison de verre

II

Le rêve de l'Eau pâle est un cristal uni
Où vivent les reflets immédiats des choses :
Rideaux d'arbres, pignons, mâts des vaisseaux, ciels
    roses
Auxquels l'Eau calme mêle une part d'infini.
Car leur mirage en elle est sans fin et s'allonge
En une profondeur presque d'éternité…
Les choses ont ainsi leurs minutes de songe
Où chacune, dans l'Eau, se semble avoir été
Et s'aperçoit déjà vague et transfigurée ;
Car tout en y prenant conscience de soi
Les choses dans l'Eau vaste échappent à leur loi
Et plongent un moment dans un ciel sans durée…
C'est ainsi que l'Eau frêle a vécu d'irréel !
Certes brièvement s'y réfléchit le ciel ;
Mais, si peu que ce soit, elle possède une âme
Où l'unité divine apparaît par instants ;
Qu'importent les reflets encore intermittents,
Puisqu'ils y sont mêlés en une seule trame
Et que dans l'Eau déjà sont réconciliés
Des nuages, des tours et de longs peupliers.

III

L'eau vivante vraiment et vraiment féminine
Aime le ciel, comme en un hymen consenti,
Reflétant ses couleurs – et sans nul démenti !

Car, pour lui correspondre en tout, elle élimine
Les choses qui pourraient mitiger son reflet,
Et soi-même s'oblige à rester incolore.
Quel émoi douloureux si le vent éraflait
Ce cristal où le ciel lointain trouve à s'enclore,
Infidèle miroir désormais nul et nu !
Il est des jours dans cet amour tout ingénu,
Dans cet amour du ciel et de l'eau, des jours tristes
Où le ciel gris dans l'eau se retrouve si peu ;
Puis d'autres où l'eau gaie absorbe tout son bleu,
Bleu de mois de Marie et de congréganistes.
Mais c'est le soir surtout que devient mutuel
Leur amour, à l'heure où l'eau pâmée et ravie
Brûle des mêmes feux d'étoiles que le ciel !
Lors plus rien n'est dans eux qui les diversifie.
Ressemblance ! Miracle inouï de l'amour
Où chacun est soi-même et l'autre tour à tour...
Or, dans l'assomption de la lune opportune,
– Comme l'amour de deux amants silencieux,
Pour se prouver, se réciproque dans leurs yeux, –
On voit le ciel et l'eau se renvoyer la lune !

IV

L'eau froide se compose une allure factice
De soumission calme aux tours, au vent, au soir ;
Mais elle cache en elle un vouloir subreptice
Et le cœur de son cœur est hermétique et noir.
À peine, en son dédain, garde-t-elle la trace
Des lourds chalands qui l'ont remuée un moment ;
Et le visage humain demeure à la surface
S'il cherche à s'incruster dans ce miroir qui ment,
Miroir au tain bougeant qui s'éraille et dégèle.
À plus forte raison le passage d'une aile !

Et, quant aux arbres vains, dont c'est l'orgueil aussi
D'être répercutés dans l'eau qui les fait vastes,
Vite ils voient dépérir leur mirage transi.

20

Même le clair de lune et les étoiles chastes,
Encore que l'eau fière et triste soit leur sœur,
Ne vont pas plus avant dans cette eau qui les porte,
– Malgré leur insistance et leur air de douceur, –
Que ne va la lueur dans les yeux d'une morte !

C'est que le cœur de l'Eau, si résigné soit-il
À tout ce que la vie impérieuse inflige
Et le contraint à réfléchir dans son eau lige,
Ne garde des objets qu'un reflet volatil,
Et se conserve intact comme un cœur de Poète.
Asile impénétrable où rien n'est descendu
Des choses d'alentour dont le mirage est dû,
Mais où l'éternité du ciel seul se reflète.

V

Dans le cadre précis du bassin d'eau dormante
Où gît l'eau nostalgique et qu'un regret tourmente,
Tout est gris-doux comme la fin d'un demi-deuil.
L'eau se dilate ; elle a des transparences d'œil,
Œil bénin, œil de femme où tout un ciel se rêve.
– Oh ! l'émoi de descendre en cet iris profond
Et dans cette prunelle où les nuages vont ! –
Mais l'ivresse de s'y rêver divin est brève
Car on se heurte vite aux si courtes parois,
Quand le cristal se brise en brusques désarrois
Et qu'un gouffre mortel, quoique exigu, succède
À tout cet infini qu'on supposait dans l'eau !

Mensonge équivalent d'un œil cher, d'un œil beau
Qu'on voudrait habiter comme une source tiède
Où l'azur sans limite irait à l'infini.
Mais le voyage aussi dans cet œil n'est qu'un leurre,
Car derrière l'iris au cristal aplani
L'amour naïf, qui plonge au fond, soudain s'épeure,
Se heurte et se fait mal à la froideur du cœur,
Dont le néant si proche est une vasque étroite.

21

Et dire qu'on rêvait tout un ciel en langueur
Et pour s'y dorloter des nuages de ouate.

VI

La voix de l'eau qui passe est triste et mire en elle
La moindre affliction qui l'a frôlée un peu ;
Et qui, s'y résorbant, y renaît éternelle
Mais en sourdine et comme en filaments d'adieu.
C'est d'abord la douleur des grands saules lunaires,
Écheveaux en folie où sont brouillés les fils ;
Puis c'est le songe aigri des clochers centenaires
Reflétant jusqu'au fond leurs nocturnes profils.
Or, ces clochers mirés y laissèrent leurs cloches ;
Et c'est pourquoi la voix de l'eau garde toujours
L'air des cloches qui s'y survivent et des tours.
Mais l'eau s'imprègne aussi du bruit des orgues proches,
Qui se traînent sur les grand-routes d'où l'on sent
Leurs plaintes, qui sont des plaintes d'oiseaux en sang,
S'égoutter et se fondre en l'eau qui les délaye –

Sa voix est triste encore d'un spleen plus volatil :
La voilà s'affligeant du départ en exil
De la fumée, au loin, que la bise balaie,
Et qui, violentée, abandonne dans l'air
Ses voiles, et dans l'eau vient mourir toute nue…
Que de choses enfin, brèves comme un éclair,
Que la voix de l'eau mire et qu'elle continue,
Survivance de tant de reflets dans sa voix !
Voix qui prolonge un peu les voix qui se sont tues,
Voix triste qu'on dirait posthume et d'autrefois,
Voix qui parle comme regardent les statues.

VII

Le cœur de l'Eau pensive est un cœur nostalgique,
Cœur de vierge exaltée en proie à l'idéal,
Qui souffre d'être seule, et qu'aucun ne complique

D'un peu de bruit ce grand calme qui lui fait mal ;
Cœur de l'Eau sans tristesse et cependant nocturne,
Cœur de l'Eau variable et toujours ignoré,
Qu'un clair d'amour sans doute aurait édulcoré
Et qui s'aigrit, ô cœur à jamais taciturne !

Certes quelques reflets hantent ce cœur de l'Eau ;
Mais toute chose en y descendant se déflore,
Toute chose recule et devient incolore,
Y propageant un froid d'absence et de tombeau
Et comme une douleur d'adieux qui diminue…

L'Eau n'en est que plus triste, attendant, l'air songeur,
Quelqu'un qui ne vient pas par la pâle avenue
Que les arbres mirés enfoncent dans son cœur.
Hélas ! l'Eau solitaire et fantasque frissonne,
Elle qu'on n'aime pas et qui n'aime personne,
Et qui meurt d'être seule en cette fin du jour,
Surtout que des amants vont devisant d'amour
Et sur ses bords, dans elle, effeuillent des paroles :
Bouquet d'aveux que son silence a recueilli,
Propos finals, lis morts des volontés trop molles,
Ô pénultièmes fleurs d'un cœur presque cueilli !
Or ces aveux que l'eau fiévreuse s'assimile
Lui donnent un émoi, toute une anxiété
Comme si devenue elle-même nubile
C'était enfin la fin de sa virginité !

VIII

Les jets d'eau, tout le jour, disent des élégies ;
C'est la forme la moins consolable de l'Eau,
Car elle porte haut dans l'air ses nostalgies,
Montant et retombant sous son propre fardeau…
Tristesse des jets d'eau qui sont de l'eau brandie ;
Mais nul n'entend leur mal et rien n'y remédie,
Jets d'eau toujours en peine, impatients du ciel !
Las ! l'azur défia leur sveltesse de lance,

Symbole édifiant d'une âme qui s'élance
Et pulvérise au vent son sanglot éternel.
Car l'essor des jets d'eau défaille en cascatelles
Et leur cœur est aussi comme d'un exilé,
Cœur caché qu'on entend pleurer dans des dentelles.
Or, le moindre mirage est tout annihilé
Dans les vasques en fièvre à la moire élargie.

Pour vouloir trop de ciel, elles perdent le leur !

Mais lorsque la nuit vient, brouillant toute couleur,
Lorsque paraît la lune à la pâle effigie,
Les jets d'eau vont reprendre espoir en sa pitié ;
Et les voilà, frissons de plumes hésitantes,
Qui font monter à coups d'ailes intermittentes
Leurs colombes, en un essor multiplié !
Le ciel lointain a des infinis de lagune…
Détresse des jets d'eau qui n'auront pas été
Conduire leurs ramiers becqueter la clarté
Et goûter le divin aux lèvres de la lune !

IX

Tel canal solitaire, ayant bien renoncé,
Qui rêve au long d'un quai, dans une ville morte,
Où le vent faible à son isolement n'apporte
Qu'un bruit de girouette en son cristal foncé,
S'exalte d'être seul, ô bonne solitude !
Isolement par quoi son cœur devient meilleur
Quand l'eau s'est peu à peu déprise et se dénude
De tout désir qui lui serait une douleur !
Quiétude où jamais ne descend et ricoche
Que le tintement frêle et doux de quelque cloche,
Frissons contagieux d'un bruit presque divin !
Doux canal monacal pour qui le monde est vain ;

Et qui, plein de mirage, est comme un ciel en marche,
Tout nostalgique en des recherches d'infini !

Qu'importe ! il vit déjà d'éternité. Car ni
Les quais de pierre stricts, ni tel vieux pont d'une arche
N'empêchent la descente en lui du firmament ;
Ou la fumée éparse, au doux renoncement,
De le suivre dans l'air en chemin parallèle ;
Ou les cygnes royaux sur ses bords d'ouvrir l'aile,
Graduel déploiement d'un plumage inégal
Qui mire dans l'eau plane un arpège de plumes !

Ainsi le long du quai rêve le vieux canal
Où les choses se font l'effet d'être posthumes
Parmi cet au-delà de silence et d'oubli…
Mais tout revit quand même en son calme sans pli.
Or s'il reflète ainsi la fumée et les cloches
C'est pour s'être guéri de l'inutile émoi ;
Aussi le canal dit : « Ah ! vivez comme moi !… »
Et son eau pacifique est pleine de reproches.

Les pièces d'eau, songeant dans les Parcs taciturnes,
Dans les grands Parcs muets semés de boulingrins,
S'aigrissent ; et n'ont plus pour tromper leurs chagrins
Qu'un décalque de ciel avant les deuils nocturnes ;
Une Fête galante en nuages mirés,
En nuages vêtus de satin soufre et rose
Qui s'avancent noués de rubans et parés
Pour quelque Menuet ou quelque Apothéose :
Nuages du couchant en souples falbalas,
Atours bouffants, paniers sur des hanches aiguës,
Tout se mire parmi les vasques exiguës ;
Et le siècle défunt revit dans le Cœur las,
Dans le Cœur las de l'Eau qui soudain se colore
Et croit revoir de belles Dames sur ses bords.

Le Cœur de l'Eau des pièces d'eau se remémore,
Lui qui songeait : « Ah ! qu'il est loin le temps d'Alors,
Le joli temps des fins corsages à ramages ! »

Or ce temps recommence et l'Eau revoit encore
Mais pour un court instant, l'ancien et cher décor,
Souvenir qui repasse au hasard des nuages…
Car c'est tout simplement cela, le Souvenir :
Un mirage éphémère – une pitié des Choses
Qui dans notre âme vide ont l'air de revenir ;
Tel, dans les pièces d'eau, le ciel en robes roses !

XI

L'Eau, pour qui souffre, est une sœur de charité
Que n'a pu satisfaire aucune joie humaine
Et qui se cache, douce et le sourire amène,
Sous une guimpe et sous un froc d'obscurité ;
Son amour du repos, son dégoût de la vie
Sont si contagieux que plus d'un l'a suivie
Dans la chapelle d'ombre, au fond pieux des eaux,
Où, tranquille, elle chante au pied des longs roseaux
Dont l'orgue aux verts tuyaux l'accompagne en sourdine.

Elle chante ! Elle dit : « Les doux abris que j'ai
Pour ceux de qui le cœur est trop découragé… »
Ah ! la molle attirance et quelle voix divine !
Car, pour leur fièvre, c'est la fraîcheur d'un bon lit !
Et beaucoup, aimantés par cet appel propice,
Perclus, entrent dans l'Eau comme on entre à l'hospice,
Puis meurent. L'Eau les lave et les ensevelit
Dans ses courants aussi frais que de fines toiles ;
Et c'est enfin vraiment pour eux la *Bonne* Mort.
Ce pendant que, le soir, autour du corps qui dort,
L'Eau noire allume un grand catafalque d'étoiles.

XII

Le long des quais, sous la plaintive mélopée
Des cloches, l'Eau déserte est tout inoccupée
Et s'en va sous les ponts, silencieusement,

Pleurant sa peine et son immobile tourment,
Se plaindre de la vie éparse qui l'afflige !
Et la lune a beau choir comme une fleur sans tige
Dans le courant, elle a l'air d'être morte, et rien
Ne fait plus frissonner au souffle aérien
Ce pâle tournesol de lumière figée.
Eau dédaigneuse ! Sœur de mon âme affligée,
Qui se refuse aux vains décalques d'alentour,
Elle qui peut pourtant mirer toute une tour…
Ô taciturne cœur ! Cœur fermé de l'Eau noire,
Toute se souvenir en sa vaste mémoire
D'un ancien temps vécu qui maintenant est mort :
Cadavre qu'elle lave avec son eau qui tord
Des tristesses de linge en pitié quotidienne…
Ô l'Eau, sœur de mon âme, empire des noyés,
Se répétant le soir l'une à l'autre : « Voyez
S'il est une douleur comparable à la mienne ! »

XIII

L'Eau triste des canaux s'est désaccoutumée
De refléter le noir passage des vaisseaux
Quand l'hiver l'a figée et l'a comme étamée ;
Mais parfois, certains jours, le dur sommeil des eaux
Sans mirages en lui de la vie en allée,
S'évapore ; on dirait un recommencement
Et que l'Eau, d'un air vague, encore un peu dormant,
Sort comme d'une alcôve aux rideaux de gelée.

Ô nudité de l'Eau dans le réveil de soi !
Reprise des devoirs de la vie affligeante !
Fuite du clair sommeil et des rêves ! Émoi
De l'Eau qui se déclôt et qui se désargente !
Or ce désordre blanc qui jonche les bassins,
Ces glaçons bousculés comme des traversins,
N'est-ce pas tout l'ennui, le désarroi précoce
D'un lit défait où pleure un lendemain de noce ?…

XIV

L'eau triste, certains soirs, demande qu'on la plaigne
À cause de la Lune y mirant sa pâleur…
Les roseaux sont, autour, des glaives de douleur,
Des glaives de douleur dans la Lune qui saigne ;
Car la Lune est le Cœur, le Sacré-Cœur de l'Eau,
Emmaillotant sa plaie aux linges du halo.

XV

C'est un aquarium qui montre à nu, le mieux,
Dans son eau compliquée, entre des murs de verre,
Le cœur de l'Eau, scruté par l'angoisse des yeux.
Là, vraiment net et sûr, le cœur de l'Eau s'avère !
Or, dans ce trouble glauque, on trouve un peu de soi,
Un peu du cœur humain qui se tient clos et coi,
Impénétrable cœur plein de choses confuses
Qui dans des murs de verre aussi semblent recluses,
Ô cœur mystérieux comme un aquarium !

Rêves en léthargie, embryons de pensées
Trempant dans une eau morte, aux pâleurs nuancées,
Qui se peuple comme un beau songe d'opium :
Écailles reluisant, nageoires remuées,
Mais dont l'élan se brise aux si courtes parois ;
Désirs s'évertuant sur des minéraux froids ;
Fourmillement visqueux de formes engluées
Et d'espoirs indécis, souffrant d'être captifs,
Qui se crispent dans les varechs aux mailles noires.

L'eau glauque se dilate en d'argentines moires
Quand s'agite un des mille êtres végétatifs ;
Remuement éternel dans cette eau nonchalante
Que la maligne ardeur des bêtes violente,
– Ombres aux contours nets qui viennent, puis s'en
    vont…

Aquarium du cœur, menteuse somnolence
Que tant de cauteleux mauvais désirs défont.

Ah ! comment devenir un bassin de silence
Et comment devenir, par quel renoncement,
Un aquarium nu, vidé de son tourment :
Verre où les poissons noirs ont cessé leurs passages,
Âme sans passions, cristal sans tatouages ;
Aquarium du cœur redevenu nouveau
N'ayant plus que la claire innocence de l'Eau !

Paysages de ville

I

Dans l'aurore s'éplore un octobre des pierres.

Le vent vindicatif, après tant de saisons,
– En des jours gris, des jours de souffrances plénières –
Ébranle la langueur des anciennes maisons
Dont le front se lézarde en rides de vieillesse.
Sombres murs avancés en âge ! Vieux logis
De qui l'âme s'attarde aux rideaux défraîchis,
Branlants de souvenirs et perclus de tristesse,
Qui tamponnent avec de la mousse à leur flanc
La blessure au sang vif des briques s'éraflant ;

Vieilles maisons de qui les toitures minées
Voient dépérir, autour des noires cheminées,
Les tuiles rouges qui s'effeuillent lentement
Comme un jardin de grands géraniums qui meurent
Ô déclin des maisons ! Ruine ! Dénouement !
À peine d'autrefois quelques nymphes demeurent
Aux bas-reliefs fleuris où leur printemps dansait ;
On les voit chaque jour se débander ; et c'est
Triste comme un départ, leurs danses finissantes ;
Si triste ! tel un soir de noce ou de moisson…
– Un faune sur sa flûte essaie encore un son ; –
Mais les nymphes, autour, sont déjà presque absentes,
Mordant un raisin vide et noir, par dernier jeu ;
Nymphes de qui la troupe a souffert sous la pluie
Et dans l'intérieur des murs est comme enfuie
N'ayant plus que le geste ébauché de l'adieu !

Car tout s'en va ! tout meurt ! les pierres sont fanées ;
Les bouquets de sculpture, en débris lents, vont choir,
Comme déguirlandés du tombeau des Années
Tant leur effeuillement dans l'air sonore est noir.

C'est un délabrement, une désuétude
De vivre qui les prend et les pousse à la mort
Avec les arbres vieux en proie au même sort ;
C'est l'automne des murs ! la bise les dénude ;
Déjà les carreaux morts sont sans visage aucun ;
C'est fini, tout espoir de soleil sur les portes ;
Et les pierres déjà se dispersent en un
Unanime et frileux départ de feuilles mortes !

II

En de féeriques soirs où l'Eau se désagrège,
Plus d'un songeur, au bord des canaux rectilignes,
Se laissa remorquer par les cygnes ! Beaux cygnes,
– Duvets d'aubépins blancs et plumage en barège –
Conduisant le songeur comme un Lohengrin vierge
Vers le doux Lac d'Amour où toute l'Eau converge.
Et c'était dans l'eau noire un chemin qui s'argente,
Un cortège de joie en la nuit affligeante,
Un entraînement blanc vers les faubourgs lunaires,
Vers le doux Lac d'Amour, Reposoir de la Lune.
Car l'orbe de la Lune était clair sur l'eau brune.
Les cygnes, en rochets plissés des séminaires,
Semaient, dans l'eau, des lis et de blancs azalées
Pour l'Élévation de la Lune agrandie.
Toute l'Ombre semblait en marche vers l'Hostie :
Les murailles étaient des robes étalées
De béguines au but de leur pèlerinage,
À genoux, eût-on dit, dans l'eau froide, et priantes ;
Et d'autres pèlerins dans le pâle sillage
De ces blancheurs de plus en plus irradiantes,
Les pèlerins du Rêve, adoraient en silence
Le Lac d'Amour dans sa candide rutilance,
Reposoir de la Lune avec les blanches toiles
Du brouillard, comme des nappes de Sainte Table,
Où les doigts sont lavés de leur passé coupable
En égrenant dans l'eau des chapelets d'étoiles ;
Et voilà tout à coup, sous des pardons insignes

Que, leurs âmes étant absoutes une à une,
Les nocturnes songeurs allaient avec les cygnes
Communier sous les espèces de la Lune !

III

Si tristes les vieux quais bordés d'acacias !
Pourtant, toi qui passais, tu les apprécias
Ces vieux quais où tel beau cygne de l'eau changeante
Entre parfois dans une âme qui s'en argente.
Si tristes les vieux quais, les eaux pleines d'adieux,
Inertes comme les bandeaux silencieux
D'une morte ! les eaux sur qui pleure une cloche,
Les immobiles eaux sur qui le carillon
Égoutte ses sons froids comme d'un goupillon.
Et plus tristes les quais lorsque l'hiver approche !
En mai, quand le ciel rit, on s'était essayé
À mettre de la joie aux vitres des demeures,
– Tendant de rideaux blancs le passage des heures –
Et des roses afin que l'air fût égayé,
Petit luxe, au dehors, de l'aisance des chambres…

Mais quand l'hiver revient, quand cinglent les
    décembres,
Les acacias nus, filigranés en noir,
Portent le deuil de la saison ; le vent disperse
Leurs feuilles comme des oiseaux parmi l'averse ;
L'eau du canal se gerce et se gèle – miroir
Las de mirer toujours d'identiques façades !
Maintenant les vieux quais sont déserts et maussades ;
Et dans les logis clos, les rideaux s'échancrant
Laissent voir, en la chambre et derrière l'écran,
Quelques vieillards sans joie autour d'une lumière
Qui végète sur le réchaud de la théière…
Lumière survivante en ces hivers du nord ;
Faible lueur, clarté triste qui les rassemble ;
On dirait un chétif feu de cierge qui tremble,
Et qu'en chaque maison muette, on veille un mort !

IV

Dans quelque ville morte, au bord de l'eau, vivote
La tristesse de la vieillesse des maisons
À genoux dans l'eau froide et comme en oraisons ;
Car les vieilles maisons ont l'allure dévote,
Et, pour endurer mieux les chagrins qu'elles ont,
Égrènent les pieux carillons qui leur sont
Les grains de fer intermittents d'un grand rosaire.

Vieilles maisons, en deuil pour quelque anniversaire,
Et qui, tristes, avec leurs souvenirs divers,
N'accueillent plus qu'un peu de pauvres et de prêtres.
Ce pendant qu'autrefois, avant les durs hivers,
La jeunesse et l'amour riaient dans leurs fenêtres
Claires comme des yeux qui n'ont pas vu mourir !
Mais, depuis lors, ces yeux des pensives demeures
Dans leurs vitres d'eau frêle ont senti dépérir
Tant de visages frais, tant de guirlandes d'heures
Qu'ils en ont maintenant la froideur de la mort !

(Or mes yeux sont aussi les vitres condamnées
D'une maison en deuil du départ des années)
Et c'est pourquoi, du fond de ces lointains du nord,
Je me sens regardé par ces yeux sans envie
Qui ne se tournent plus du côté de la vie
Mais sont orientés du côté du tombeau…

Yeux des vieilles maisons dont mes yeux sont les frères,
Lassés depuis longtemps des bonheurs temporaires,
Yeux plus touchants près de mourir ! Regard plus beau
De ces maisons qu'on va détruire en des jours proches !
Ô profanation ! meurtres avec les pioches
Abattant les vieux murs de qui l'âge avait l'air
De devoir les défendre un peu contre ces crimes…
Mais bientôt entreront les marteaux unanimes
Dans les vieux murs, pourtant sacrés comme une chair !

V

En ces villes qu'attriste un chœur de girouettes,
Oiseaux de fer rêvant de fuir au haut des airs,
En des villes sans joie aux carrefours déserts
Où de rares passants, en grises silhouettes,
Se meuvent, balançant leur marche comme un glas,
On sent un froid silence uniforme qui plane ;
Si despotique, encore qu'il soit débile et las,
Qu'en lui tout cri se tait, que toute voix se fane,
Que même un bruit de pas déconcerte d'abord,
Que la moindre rumeur infinitésimale
Cause un trouble, paraît une chose anormale
Comme de rire auprès d'un malade qui dort.

Car le silence là vraiment s'atteste ! Il règne,
Il est impérieux, il est contagieux ;
Et le moins raffiné des passants s'en imprègne
Comme d'encens dans un endroit religieux.

Ah ! ces villes, ce grand silence monotone
Qu'augmente un son de cloche en tombant de la tour ;
Ce silence si vaste et si froid qu'on s'étonne
De survivre soi-même au néant d'alentour
Et de ne pas céder à la mort qui délie…
L'eau s'en vint d'elle-même au-devant d'Ophélie.
Or le silence doux, dont l'eau nous circonvient,
Nous lento et nous entraîne à son tour dans des roses…
La ville est morte aussi… Qu'est-ce qui nous relient ?
Et nous sentons vraiment comme l'Ordre des Choses !

VI

Sur l'horizon confus des villes, les fumées
Au-dessus des murs gris et des clochers épars
Ondulent, propageant en de muets départs
Les tristesses du soir en elles résumées.

On dirait des aveux aux lèvres des maisons :
Chuchotement de brume, inscription en fuite.
Confidence du feu des âtres qui s'ébruite
Dans le ciel et raconte en molles oraisons
L'histoire des foyers où la cendre est éteinte.

Vague mélancolie au loin se propageant…
Car, parmi la langueur d'une cloche qui tinte,
On dirait des ruisseaux d'eau pâle voyageant
Des ruisseaux de silence aux rives non précises
Dont le peu d'eau glisse au hasard, d'un cours mal sûr,
En méandres ridés, en courbes indécises
Et, comme dans la mer, va se perdre en l'azur !

C'est parce qu'on les sait ainsi tout éphémères
Qu'on les suit dans le ciel avec des yeux meilleurs ;
Elles que rien n'attache, elles qui vont ailleurs
Et dont les convois blancs emportent nos chimères
Comme dans de la ouate et dans des linges fins.
Évanouissement et dispersion lente
De la fumée au fond du ciel doux, par les fins
D'après-midi, lorsque le vent la violente,
Elle déjà si faible et qui meurt sans effort
– Neige qui fond ; encens perdu dans une église ;
Poussière du chemin qui se volatilise, –
Comme une âme glissant du sommeil dans la mort !

VII

Dans les brumes d'hiver, vers Noël ou Toussaint,
Rien n'a désaffligé le morne crépuscule ;
Chaque ombre d'un passant, qui se hâte et recule,
Aux airs d'une cloche en route qui se plaint…
Et, dans ce désolant paysage de ville,
Les réverbères un par un sont allumés,
Si tristes, grelottant dans le verre fragile ;
C'est vraiment, dirait-on, des oiseaux enfermés
Et qui se font du mal sur les vitres menteuses,

Puis meurent longuement en spasmes de clarté ;
Ou c'est encore des roses jaunes souffreteuses
Ayant peur, ayant froid dans le cristal fouetté,
Et dont le vent effeuille à terre la lumière…
Lanternes s'allumant à l'heure coutumière
Plus ternes par les soirs de Noël ou Toussaint,
Qui s'allongent, dans l'air mouillé, comme des rampes
Et qu'en leur solitude aucun passant ne plaint,
Tristes lanternes, – sœurs malheureuses des lampes ! –
Que le vent exténue à chaque carrefour
Et qui n'auront jamais, dans ces jours de novembre,
Les doux miroirs, le nid d'étoffe d'une chambre,
Et le dorlotement des guimpes d'abat-jour !

VIII

Quelques vieilles cités déclinantes et seules,
De qui les clochers sont de moroses aïeules,
Ont tout autour une ceinture de remparts.
Ceinture de tristesse et de monotonie,
Ceinture de fossés taris, d'herbe jaunie
Où sonnent des clairons comme pour des départs,
Vibrations de cuivre incessamment décrues ;
Tandis qu'au loin, sur les talus, quelques recrues
Vont et viennent dans la même ombre au battement
Monotone d'un seul tambour mélancolique…
Remparts désormais nuls ! citadelle qui ment !
Glacis démantelés, (ah ! ce nom symbolique !)
Car c'est vraiment glacé, c'est vraiment glacial
Ces manœuvres sur les glacis des villes vieilles,
Au rythme d'un tambour à peine martial
Et qui semble une ruche où meurent des abeilles !

IX

Les cloches, c'est de la séculaire musique,
Musique dont la vie un peu se communique

À l'agonie, à la tristesse des murs gris
Qui se sentent moins seuls, un moment, moins aigris ;
Car c'est du bruit joyeux qui sur eux persévère
Ô vieux murs, rajeunis par ce chant cristallin,
Quand les cloches, au long d'un escalier de verre,
Viennent enguirlander, d'airs nouveaux, leur déclin.
Vieux murs, pignons déchus et pierres condamnées
Qui reprennent un peu de joie en entendant
Les cloches s'animer dans le rose occident,
Elles qui sont les sœurs de leurs jeunes années,
Elles qui sont les sœurs de joviale humeur
Et qui, pour égayer leur abandon qui meurt,
– Ô taciturnes murs qui n'ont plus qu'elles seules ! –
Vont inventer des jeux mièvres dans l'air muet.

Alors c'est tout à coup un galant menuet.
Danse de l'autre siècle où de frêles aïeules
Rapprennent à danser sur un air sémillant ;
Une fête de bronze au fond du ciel atone
Avec d'autres, encore plus vieilles, béquillant
À travers le silence et le froid de l'automne,
Qui viennent de tous les clochers du ciel natal…
Tandis que les vieux murs renaissent à leurs danses
Dans des robes sans plis aux froufrous de métal,
S'achevant par l'air vide en prestes révérences !

X

Tel soir fané, telle heure éphémère suscite
Aux miroirs de mon Âme un souvenir de site ;
Sites recomposés, qu'on eût dit oubliés :
D'un canal mort avec deux rangs de peupliers
Dont les feuilles vont se cherchant comme des lèvres ;
Et d'une Âpre colline où de bêlantes chèvres,
Dont le cri se déchire aux épines aussi,
S'appellent l'une l'autre, et d'un air si transit
Décor surtout des quais dormants en enfilade,

Pignons, rampes de bois par-dessus l'eau malade
Où chaque feu miré se délaye en halo,
Fragile et fugitif maquillage de l'eau
Qui, sous un heurt de vent, tout à coup s'évapore
Et fait que l'eau se mue en sommeil incolore !

Sites instantanés, comme à peine rêvés,
En contours immortels je les ai conservés
Et je les porte en moi, depuis combien d'années !
Seul un ciel identique, aux pâleurs surannées,
Triste comme celui qui me les faisait voir,
Les a ressuscités de moi-même ce soir ;
Et c'est ainsi toujours qu'au hasard des nuages
Revivent dans mon cœur de souffrants paysages !

XI

En des quartiers déserts de couvents et d'hospices,
Des quartiers d'exemplaire et stricte piété,
Je sais des murs en deuil vieillis sous les auspices
D'un calvaire où s'étale un Christ ensanglanté :
Plantée en ses cheveux, la couronne d'épines
Forme un buisson de clous, – le corps est en ruines,
Livide, comme si la lance l'éraflant,
Avait jauni de fiel sa chair inoculée ;
Les yeux sont de l'eau morte ; et la plaie à son flanc
Est pareille au cœur noir d'une rose brûlée…
– Œuvre barbare et sombre où Supplicié
Pend sur le bois noueux d'un gibet mal scié.
Or cette impression de calvaire subsiste
Lorsque le soir en longs crêpes tissés descend ;
Puisqu'on croit voir, au loin, dans le ciel qui s'attriste
Surgir la Nuit où perle une sueur de sang,
Si bien que l'on dirait la Nuit crucifiée !
Car les étoiles sont des clous de cruauté
Qui, s'enfonçant dans sa chair nue et défiée,
Lui font des trous et des blessures de clarté !

Ah ! cette passion qui toujours recommence !
Ce ciel que l'ombre ceint d'épines chaque soir !
Et soudain, comme au coup d'une invisible lance,
La lune est une plaie ouverte à son flanc noir.

XII

Des femmes vont, le soir, se hâtant vers les Laudes,
Des femmes au cœur simple, en mantes de drap noir
Oscillant comme un glas qui s'éteint dans le soir,
Tandis qu'au fond du ciel croulent des cendres chaudes ;
Des femmes regardant d'un regard affligé,
Avec le blanc fané de leurs yeux mitigé
D'un violet de deuil comme les cinéraires ;
Et, sous le soleil mort qui soudain s'effondra,
Les cloches, s'accordant à ces cloches de drap,
S'acheminent ensemble en lents itinéraires…
Puis, quand leur parallèle affluence décroît
Sur les quais tout vibrants de leur tristesse enfuie,
On croit sentir venir de très loin une pluie
Musicale qui tombe en gouttes de son froid.

XIII

Quand luit la Lune en des clartés irradiantes,
Quelle misère au long des quais. Dans le canal
Les maisons en surplomb ont l'air de mendiantes ;
Pauvresses à la file et que protègent mal
Du vieux lierre troué, des haillons de feuillage ;
Infirmes se traînant dans un pèlerinage,
Mendicité sans yeux, mendicité sans main,
C'est toute une misère au bord d'un grand chemin…
Tristesse des vieux murs tombés dans la misère,
Tristesse des maisons se reflétant dans l'eau !
Or la Lune est montée au ciel dans un halo
Et les carillons noirs égrènent leur rosaire…
C'est alors que le Soir, soudain apitoyé

Pour les vieux murs que nul n'assiste en leurs désastres,
Envoyé à tel ou tel vieux mur pauvre et ployé
Des linges de lumière et des aumônes d'astres !

XIV

C'est tout là-bas, parmi le Nord où tout est mort :
Des Beffrois survivant dans l'air frileux du nord ;

Les Beffrois invaincus, les Beffrois militaires,
Montés comme des cris vers les ciels planétaires ;

Eux dont les carillons sont une pluie en fer,
Eux dont l'ombre à leur pied met le froid de la mer !

Or, moi, j'ai trop vécu dans le Nord ; rien n'obvie
À cette ombre à présent des Beffrois sur ma vie.

Partout cette influence et partout l'ombre aussi
Des autres tours qui m'ont fait le cœur si transi ;

Et toujours tel cadran, que mon absence pleure,
Répandant dans mes yeux l'avancement de l'heure,

Tel cadran d'autrefois qui m'hallucine encore,
Couronne d'où, sur moi, s'effeuille l'heure en or !

XV

Ô ville, toi ma sœur à qui je suis pareil,
Ville déchue, en proie aux cloches, tous les deux
Nous ne connaissons plus les vaisseaux hasardeux
Tendant comme des seins leurs voiles au soleil,
Comme des seins gonflés par l'amour de la mer.
Nous sommes tous les deux la ville en deuil qui dort
Et n'a plus de vaisseaux parmi son port amer,
Les vaisseaux qui jadis y miraient leurs flancs d'or ;
Plus de bruits, de reflets… Les glaives des roseaux
Ont un air de tenir prisonnières les eaux,

Les eaux vides, les eaux veuves, où le vent seul
Circule comme pour les étendre en linceul…
Nous sommes tous les deux la tristesse d'un port
Toi, ville ! toi ma sœur douloureuse qui n'as
Que du silence et le regret des anciens mâts ;
Moi, dont la vie aussi n'est qu'un grand canal mort

*
* *

Qu'importe ! dans l'eau vide on voit mieux tout le ciel,
Tout le ciel qui descend dans l'eau clarifiée,
Qui descend dans ma vie aussi pacifiée.
Or, ceci n'est-ce pas l'honneur essentiel
– Au lieu des vaisseaux vains qui s'agitaient en elles, –
De refléter les grands nuages voyageant,
De redire en miroir les choses éternelles,
D'angéliser d'azur leur nonchaloir changeant,
Et de répercuter en mirage sonore
La mort du jour pleuré par les cuivres du soir !
Or c'est pour être ainsi souples à son vouloir
Que le ciel lointain, l'une et l'autre, nous colore
Et décalque dans nous ses jardins de douceur
Ô toi, mon Âme, et toi, Ville Morte, ma sœur

*
* *

Et c'est pour être ainsi que l'une et l'autre est digne
De la toute-présence en elle d'un doux cygne,
Le cygne d'un beau rêve acquis à ce silence
Qui s'effaroucherait d'un peu de violence
Et qui n'arrive là flotter comme une palme
Qu'à cause du repos, à cause du grand calme,
Cygne blanc dont la queue ouverte se déploie,
– Barque de clair de lune et gondole de soie –
Cygne blanc, argentant l'ennui des mornes villes,

Qui hérisse parfois dans les canaux tranquilles
Son candide duvet tout impressionnable ;
Puis, quand tombe le soir, cargué comme les voiles,
– Dédaignant le voyage et la mer navigable –
Sommeille, l'aile close, en couvant des étoiles !

Cloches du dimanche

I

Dimanche : un pâle ennui d'âme, un désœuvrement
De doigts inoccupés tapotant sourdement
Les vitres, comme pour savoir leur peine occulte ;
– Ah ! ce gémissement du verre qu'on ausculte ! –
Dimanche : l'air à soi-même dans la maison
D'un veuf qui ne veut pas aider sa guérison
Quand les bruits du dehors se ouatent de silence.
Dimanche : impression d'être en exil ce jour,
Long jour que le chagrin des cloches influence,
Et sans cesse ce long dimanche est de retour !
Ah ! le triste bouquet des heures du dimanche ;
C'est un triste bouquet de fleurs qui lentement
Meurt dans un verre d'eau sur une nappe blanche…
M'en sauver, le pourrai-je ? Et l'éviter, comment ?
Ce jour de demi-deuil aux couleurs trop calmées
Où mon cœur odieux s'en va dans les fumées.
J'en ai l'obsession, j'en ai peur, j'en ai froid
Du spleen hebdomadaire où ce jour me ramène :
Tandis que je me leurre au long de la semaine,
Flux et reflux de jours qui s'accroît et décroît,
Dont l'écume est un peu de vanité qui chante,
Voici que le repos dominical me hante
Et déjà m'apparaît comme un repos amer,
Repos nu d'une grève au départ de la mer,
Grève morte du long dimanche infinissable
Qui coagule au loin ses silences de sable…

II

Le dimanche est toujours tel que dans notre enfance ;
Un jour vide, un jour triste, un jour pâle, un jour nu ;

Un jour long comme un jour de jeûne et d'abstinence
Où l'on s'ennuie ; où l'on se semble revenu
D'un beau voyage en un pays de gaîté verte,
Encore dérouté dans sa maison rouverte
Et se cherchant de chambre en chambre tout le jour…
Or le dimanche est ce premier jour de retour !

Un jour où le silence, en neige immense, tombe ;
Un jour comme anémique, un jour comme orphelin,
Ayant l'air d'une plaine avec un seul moulin
Géométriquement en croix comme une tombe.

Il se remontre à moi tel qu'il s'étiolait
Naguère, ô jour pensif qui pour mes yeux d'enfance
Apparaissait sous la forme d'une nuance :
Je le voyais d'un pâle et triste violet,
Le violet du demi-deuil et des évêques,
Le violet des chasubles du temps pascal.
Dimanches d'autrefois ! Ennui dominical
Où les cloches, tintant comme pour des obsèques,
Propageaient dans notre âme une peur de mourir.

Or toujours le dimanche est comme aux jours d'enfance :
Un étang sans limite, où l'on voit dépérir
Des nuages parmi des moires de silence ;
Dimanche : une tristesse, un émoi sans raison…
Impression d'un blanc bouquet mélancolique
Qui meurt ; impression tristement angélique
D'une petite sœur malade en la maison…

III

Le dimanche s'allonge en toile monotone
Où bien emmailloter son ennui gémissant ;
Toile blanche des longs dimanches de l'automne
Dont la blancheur fait voir que le cœur est en sang ;
Contraste grâce à quoi la plaie est évidente
Et saigne en rouges flots parmi le linge blanc.

Or comment le guérir ce cœur qui fait semblant
D'être heureux du dimanche où plus rien ne le hante ?
Comment le dorloter en un rêve opportun
Et comment peu à peu faire cette œuvre pie
Qu'en douceur les Instants s'en aillent un à un,
Comme la toile meurt fil à fil en charpie ?

IV

La langueur du dimanche et son morose ennui
N'est-ce pas d'être inapte à l'ivresse de vivre,
Considérant la joie et le rire d'autrui
Comme, à chaque fenêtre, en calmes plis de givre,
La mousseline ou le tulle blanc des rideaux,
Comme le tulle blanc des rideaux considère
Les nuages qui sont du tulle légendaire,
Les nuages errant comme en un pays d'eaux,
Dont la blancheur en vols de cygnes s'évapore
Ou se teinte en jardins de beaux rhododendrons ;
Au lieu qu'eux, les rideaux, leur tulle est incolore
– Ah ! les bonheurs aussi dont nous nous abstiendrons ! –
Et demeure captif dans les chambres songeuses,
Incapable de suivre et pourtant enviant
La folie au soleil des formes voyageuses ;
Tulle à jamais privé de l'azur ambiant,
Tulle des blancs rideaux qui s'empêche de vivre
Et d'effeuiller à l'air ses calmes fleurs de givre !

V

Tel dimanche pour moi s'embaume de la voix
Des soprani, s'ouvrant comme une cassolette
Dans quelque église. Ô voix doucement aigrelette ;
Chant comme tuyauté, comme raide d'empois,
Évoquant des rochets plissés de séminaires.
Tout à coup l'orgue exulte et roule ses tonnerres,
Puis se tait ; et le chant des soprani reprend,

Chant frêle, chant mouillé parmi la vaste église,
Montant dans le silence et le réfrigérant
De son mince jet d'eau qui se volatilise…

L'orgue encore recommence à hisser ses velours
Qui s'éploient à grands plis sonores dans l'abside ;
Puis un autre motet frôlement se décide
Et s'entraperçoit vague entre les piliers lourds.
Oh ! si vague, on dirait un cierge qui s'allume ;
Ce n'est pas un oiseau ; c'est à peine une plume
Qui vacille dans le vent doux des encensoirs…

Et l'orgue de nouveau hisse ses velours noirs.

Or en les entendant, ces voix insexuelles.
On songe aux vieux tableaux, on songe aux chérubins
Qu'en des Assomptions les Primitifs ont peints,
Des chérubins n'ayant qu'une tête et des ailes,
Enfants-fleurs d'un jardin quasi-religieux,
Envolement de lis devenant des colombes…

Ah ! ces chants d'innocence, et si contagieux !
Linges frais par-dessus la fièvre de nos lombes…

VI

Douleur d'aller, courbé sous la croix de son Art,
Sans Madeleine, oignant vos pieds avec du nard ;
D'aller seul, le dimanche, à travers les soirs ternes,
Sans Marthe, sans Marie et le disciple Jean ;
Seul à voir, comme des blessures, les lanternes
Saigner frileusement dans un site affligeant.
On sent l'ombre à son front qui se tresse en épines ;
– Ah ! quel est le Calvaire où la rue aboutit ? –
Mais un peu de pitié vient des cloches voisines,
La muette bonté des choses compatit,
Et, sa peine, on l'essuie aux pâles vitres nues
Comme à des linges de Véronique s'offrant,

Ô décalque fragile où tu te continues
Mon âme du dimanche, avec l'air si souffrant !

VII

Le dimanche est le jour où l'on entend les cloches !
Le dimanche est le jour où l'on pense à la mort !
Car, parmi le repos de la ville qui dort,
Les cloches vibrent mieux, ébruitant leurs reproches
Et leur conseil de se résigner à mourir,
Elles dont coup à coup les forces sont décrues
Et dont neigent les lis de bronze dans les rues ;
Chacun en leur départ s'écoute dépérir
Et sent un peu de soi, de minute en minute,
Qui s'en va, qui s'effeuille et tombe à l'unisson,
Qui lentement se fane et meurt avec le son
Dans l'air vorace, en une inexorable chute…

VIII

Les cloches ? Ah ! qui donc, quel évêque hypocondre,
Chef de la primitive Église les fit fondre ?
Qui donc les inventa ? Peut-être qu'il y a
Un moine misanthrope et las d'Alléluia
Qui fit avec du fer la cloche originelle,
En forme de sa robe, et noire aussi comme elle !

IX

Dimanche, c'était jour de lentes promenades
Par des quais endormis, de vastes esplanades,
Au long d'un mur d'hospice, au long d'un canal mort
Où le brouillard, à peine une heure, se dissipe…

Dimanche, ah ! quel silence ! Et l'âme qui se fripe
À tout ce petit vent acidulé du nord !
Silence du dimanche autour du Séminaire

Et silence surtout Place de l'Évêché
Où divaguait parfois le bruit endimanché
D'une cloche très vieille et valétudinaire.

Des Béguines, au loin, passaient, hâtant le pas,
Gardant l'émoi sur leurs faces anémiées
D'avoir le matin même été communiées,
Heureuses, et disant des chapelets tout bas,
Tout en s'en revenant des Vêpres terminées.

Et la cloche perdue entre les cheminées
Se dépêchait, béguine elle-même, vivant
Dans sa tour, comme les autres dans leur couvent.
Sœur tourière du ciel en des guimpes fanées,
Semant un bruit de clés au fond de l'air transi
Où, béquillant un peu sous l'amas des années,
Elle faisait sa ronde, en robe noire aussi…

Or, depuis lors, la cloche est celle qui chemine ;
Et toujours le dimanche est un jour où j'entends
Une cloche au-dessus de mon âme, béguine

Ponctuelle, aux accès de toux intermittents,
Qui m'avertit du ciel et que la messe est dite
Et m'égoutte ses sons comme de l'eau bénite…

X

Tristesse ! je suis seul ; c'est dimanche ; il pleuvine !
Les vitres sont déjà comme des crêpes morts
Que faufile une pluie intermittente et fine.
Et rien à faire ici ! rien à faire au dehors
Où les passants s'en vont monotones et tristes…
Or j'en rêve, parmi ce pluvieux décor,
De plus seuls et de plus inégalés encore :
D'abord les continents et doux séminaristes
Qui se hâtent, qui s'en vont deux à deux, là-bas,
Voués jusqu'à la mort à de noirs célibats

Quand nous avons l'amour comme une bonne lampe !
Puis je songe au troupeau puéril et transi
D'orphelines en deuil se dépêchant aussi
Dans ce soir triste et la bruine qui les trempe…

Tristesse du dimanche, ô mon âme ! où tu n'as
Pour ressource que de songer aux orphelines
S'en retournant vers leurs lointains orphelinats,
Si frileuses, malgré leurs longues pèlerines…
Et seul, mélancolique, en mon dormant logis,
J'occupe à les aimer mon rêve qui s'ennuie,
Et j'entends de chez moi distinctement la pluie
Faufiler leurs bonnets de linge défraîchis.

XI

Les cloches des dolents dimanches sont des gloses
Élucidant le cas des choses encloses,
De ce qui fut naguère et qui n'a pas duré :
Raisin qui s'évapore aussitôt pressuré ;
Étang qui se dessèche en un beau paysage ;
Voix des enfants de chœur qui sont morts en bas âge
Et dont nous retrouvons dans les blancs angélus
Les soprani filant leurs sons irrésolus…

Les cloches ont la voix des choses démodées ;
Bonnes cloches du soir qui sont inféodées
Aux meilleurs souvenirs d'enfance et de regret :
Car en les entendant, les vieilles cloches noires,
– Bruit d'airain, grincement de serrure – on dirait
Que se sont, dans le ciel, rouvertes les armoires
Où dorment, sans emploi, nos layettes d'enfant
Dont le beau linge, à lents coups de cloches, se fend
Puis s'envole, vidé de gestes, blancs mélanges…
Et j'écoute sur moi la chute de mes langes !

Combien d'autres rappels des choses d'autrefois :
Des couronnes de sons sur d'anciens convois

De morts qu'on oubliait et qu'on se remémore ;
Et ces effeuillements vagues dans l'air sonore !
Vieilles cloches vidant leurs corbeilles de fer
D'où tombe un buis d'antan aux branchettes fanées,
Le buis bénit d'un temps pascal lointain et cher…
Et je recueille en moi le buis mort des Années !

XII

Le dimanche est un ciel vide et silencieux
Où j'écoute frémir les coiffes des Béguines
Dont la marche aboutit à mon cœur anxieux.
Halo de bruit autour des faces ivoirines,
Halo de bruit malgré l'absence m'arrivant…
Ah ! cela vient vers moi de si loin dans le vent
Ces frissons de cornette en forme de colombe :
Quelque chose de blanc qui sur les fronts surplombe ;
Ailes faites de neige et de linge qui dort.
Ailes faites aussi d'un peu de clair de lune
Qui paraissent, ayant replié leur essor.
Être le Saint-Esprit descendu sur chacune !
Car les Béguines sont les sœurs du Saint-Esprit ;
Et leurs calmes couvents, dans les enclos gothiques,
Ne sont-ce pas plutôt des colombiers mystiques ?
Essaims d'âmes (encore un peu, Dieu les proscrit)
Qui se reposent là, dans des haltes bénignes,
En picorant les grains bénits des chapelets ;
Mais s'en iront bientôt par les soirs violets
Sur leurs ailes de linge aux blancheurs rectilignes.

XIII

Les cloches dans le ciel ont assez de nuances
En pleurant les décès, pour chanter les naissances ;
Les cloches, ce mobile et divin truchement,
Versant comme des pleurs sur un enterrement,
Effeuillant comme des bouquets sur les baptêmes.

– Urnes de lilas blancs ! – Urnes de chrysanthèmes ! –
Tantôt on y perçoit les bruits d'un corbillard
Qui s'en irait dans la banlieue et le brouillard ;
Puis, à d'autres moments, oscillant en mesure
Sous les nuages blancs en rideaux de guipure,
Les cloches, dorlotant les cœurs d'enfants nouveaux,
Ont le balancement musical des berceaux !

XIV

Dimanche, après-midi de dimanche, en province !
Repos dominical : pâles rideaux levés
Pour de rares passants moins réels que rêvés,
Ombres, sur un écran, que le soir triste évince…
Solitude du soir dans la vaste maison
Où bat le pouls de la pendule qui s'ennuie ;
Silence où l'on entend une petite pluie,
– Fine pluie automnale et d'arrière-saison, –
Épingler d'acier froid les vitres déjà mortes.
Essai de s'égayer avec les pianos
En dépit du vent noir qui pleure sous les portes ;
Mais, triste, la musique, – écho des casinos
Et des valses de l'autre été si tôt fanées ;
Triste, car c'est funèbre et vain, tous ces efforts,
Tout ce désir d'un peu s'évader des années
Et d'échapper à la tristesse du dehors,
À la tristesse aussi du vent plein de reproches,
Tristesse du dimanche où s'affligent les cloches !
Dimanche, après-midi de dimanche ! Langueur
De la vaste maison, vide de l'heure enfuie,
Où l'on entend dans l'ombre une petite pluie.
Épingler d'acier froid les vitres de son cœur !

XV

Les longs dimanches soir, toutes ces existences
Réduites à songer si tristement, là-bas :

Vieilles filles qu'on voue à des impénitences,
Cœurs vierges dans le noir étui des célibats.

Et des hortensias, couleur de leur visage,
Se fanent lentement sur les châssis ; ainsi
Leur jeunesse, sans nul amour, sans bon présage,
Derrière les carreaux effeuille son souci.

Là-bas, toujours la même apparence d'automne
Parmi ces meubles vieux, ces cadres dédorés,
Ces miroirs d'eau souffrante où la clarté tâtonne,
– Vieilles filles sans joie aux gestes timorés,

Vieilles filles, le front collé contre la vitre !
Vitre provinciale, écran mort et fermé
Où ne s'ébauche rien qu'un passage de mitre
Quand la Procession sort un dimanche, en mai !

C'est la vie anonyme ! oh ! morne et désolée,
Dans ces chambres, sans même un bonheur anodin…
Et les rideaux tombants de guipure gelée
Sont comme un immuable et glacial jardin.

XVI

Dans mon Âme, sous des guirlandes d'encens bleu,
Vont des Processions d'anciennes Fête-Dieu ;
Processions de mai qu'on croyait disparues,
Processions d'enfance en l'honneur du Saint-Sang ;
Car mon âme a toujours, dans le noir de ses rues,
Quelque Procession au plain-chant grandissant :
Voix s'ajourant dans moi, comme filigranées,
Enfants de chœur aux voix douces, aux frêles voix
Ciselures des beaux dimanches d'autrefois,
Or frais qui s'éternise aux chasubles fanées !
Et dans mon Âme, où rêve un encens bleuissant,
Parmi des prêtres noirs, de blanches théories,
S'attarde la Fiole en des orfèvreries,

Rouge du seul rubis possédé du Saint-Sang.
Ô goutte de la Plaie ouverte par la Lance,
La relique sacrée en mon âme s'avance…
Or, supposez un heurt sur le cristal béni,
Et voyez-vous soudain couler tout l'Infini,
Et voyez-vous, en moi, mon sang qui s'étiole
Rajeuni par le Sang divin de la Fiole ?

XVII

Douceur parfois d'aller le dimanche à l'église
Édulcorer ses yeux aux offices du soir,
Être l'Âme qui s'est carguée et qui s'enlise,
Être l'Âme soudain fraîche comme un parloir,
Ce pendant que l'encens, avec mélancolie,
En rubans bleus à notre enfance nous relie…

Et douceur pour les Yeux de retourner encore
Dans les vitraux profonds qui sont des jardins d'or
Où des anges, vêtus de lin, tiennent des palmes
Et de rigides lis comme des jets d'eau calmes.

Et douceur pour les Doigts, repris du culte ancien,
D'allumer sur le noir candélabre, à Complies,
Quelque cierge qu'on suit des yeux, qu'on sait le sien ;
Mais si malingre, ô ma Lueur, tu te déplies !
Toi propitiatoire auprès de Dieu pour moi,
Dieu qui sait gré du moindre acte d'un peu de foi,
Et pardonne en faveur de la douleur des cires :
Prix de nos fautes ! Pleurs des cierges dans les nefs
Dont la flamme s'immole en des supplices brefs,
Bonnes cires qui sont si doucement martyres !

XVIII

L'eau houleuse du port est sans mirage aucun.
Mais, dans le somnolent dimanche, il suffit qu'un
Souffle d'air passe au fil du bassin qui repose

Pour propager le vert reflet des peupliers,
Quand se crispe en frissons de moire l'eau morose…

C'est ainsi que la cloche aux glas multipliés
Dans l'Âme du dimanche, où toute rumeur cesse,
Agrandit longuement des cercles de tristesse.

Au fil de l'âme

Ne plus être qu'une âme au cristal aplani
Où le ciel propagea ses calmes influences ;
Et, transposant en soi des sons et des nuances,
Mêler à leurs reflets une part d'infini.
Douceur ! c'est tout à coup une plainte de flûte
Qui dans cette eau de notre âme se répercute ;
Là meurt une fumée ayant des bleus d'encens…
Ici chemine un bruit de cloche qui pénètre
Avec un glissement de béguine ou de prêtre,
Et mon âme s'emplit des roses que je sens…

Au fil de l'âme flotte un chant d'épithalame ;
Puis je reflète un pont debout sur des bruits d'eaux
Et des lampes parmi les neiges des rideaux…
Que de reflets divers mirés au fil de l'âme !

Mais n'est-ce pas trop peu ? n'est-ce pas anormal
Qu'aucun homme ne soit arrivé de la ville
Pour ajouter sa part de mirage amical
Aux Choses en reflets dans notre âme tranquille ?
Nulle présence humaine et nul visage au fil
De cette âme qui n'a reflété que des cloches.
Ah ! sentir tout à coup la tiédeur d'un profil,
Des yeux posés sur soi, des lèvres vraiment proches…
Fraternelle pitié d'un passant dans le soir
Par qui l'on n'est plus seul, par qui vit le miroir !

II

On dirait d'une ville en l'âme se mirant
Avec des peupliers sur les bords, soupirant

Sans qu'on puisse savoir, par un subtil triage,
Si, dans l'eau qui gémit, c'est le bruit du feuillage
Ou si l'eau se lamente avec sa propre voix.
On dirait d'une ville aux innombrables toits…
– C'est triste, toutes ces fenêtres éclairées
Au bord de l'Âme, au bord de l'eau – tristes soirées !
Triste ville de songe en l'Âme s'encadrant
Qui pensivement porte un clocher et l'enfonce
Dans cette eau sans refus que son mirage fonce ;
Et voici qu'à ce fil de l'âme le cadran
Fond et se change en un clair de lune liquide…
Le cadran, or et noir, a perdu sa clarté ;
Le temps s'est aboli sur l'orbe déjà vide
Et dans l'âme sans heure on vit d'éternité.

III

Mon âme a pris la lune heureuse pour exemple.
Elle est là-haut, couleur de ruche, avec les yeux
Calmes et dilatés dans sa face très ample.
Or mon âme, elle aussi, dans un ciel otieux,
Toute aux raffinements que son caprice crée
N'aime plus que sa propre atmosphère nacrée.
Qu'importe, au loin, la vie et sa vaste rumeur…
Mon âme, où tout désir se décolore et meurt,
N'a vraiment plus souci que d'elle et ne prolonge
Rien d'autre que son songe et son divin mensonge
Et ne regarde plus que son propre halo.
Ainsi, du haut du ciel, sans remarquer la ville
Ni les tours, ni les lis dans le jardin tranquille,
La lune se contemple elle-même dans l'eau !

IV

Mon âme est dans l'exil, plaintive et détrônée ;
Quel goût peut-elle avoir des ivresses d'ici
Et de la fausse joie un peu carillonnée

Qui descend sur sa peine à travers l'air transi ?
Mais elle se console avec la vie en songe,
La vie emmaillotée aux langes du mensonge.

Mon âme a trop souffert aux chemins du Réel
Et s'en trouve à jamais comme en convalescence.
C'est fini tout espoir, tout effort manuel
Pour tirer de la vie un peu de renaissance
Et vendanger soi-même, ainsi qu'on le voulait,
Quelques grappes encore de raisin violet…
Les vignes sont en proie à d'autres que j'ignore ;
Déjà le vin fermente en leur pressoir sonore ;
Et pour moi désormais, terrain hostile et nu,
La vie est un jardin d'épines et d'épées.

Mais les Rêves du moins sont le monde ingénu
Où se réfugieront nos mains inoccupées ;
Qu'importe, au loin, la vie, et les appels des cors !
Les liesses du cuivre énamouré sont brèves ;
Et notre âme sait bien qu'il n'y a que les Rêves
Qu'on puisse aimer toujours comme on aime les morts.

Les Rêves ! Eux, du moins, sont une amitié sûre,
Joyaux où dort une lumière qui s'azure
Éternelle et multicolore comme l'eau…
Et cela met en nous un trésor frais et beau.

Ah ! Seigneur ! augmentez en moi cette richesse
Dont je suis à la fois le maître et le gardien ;
Et, de rêves nouveaux, refaites-moi largesse,
Ô Seigneur, donnez-moi mon Rêve quotidien !…

V

Les rêves : des miroirs où nous nous délayons
Comme éternels déjà, dans un recul d'espace ;
Les rêves : des rouets auxquels, d'une main lasse,
Nous envidons de la fumée et des rayons,
Du vent, des cheveux morts et des fils de la Vierge ;

Les rêves : un bouquet qui tout à coup émerge
Les nuits d'hiver, en lis gelés, des carreaux noirs ;
Les rêves : au perron du parc mélancolique,
Au perron de notre âme, un cabrement, les soirs,
Cabrement, sous le clair de lune métallique,
D'une troupe de paons, de grands paons radieux
Ouvrant leur queue en or comme un éventail d'yeux.

VI

Les rêves sont les clés pour sortir de nous-mêmes,
Pour déjà se créer une autre vie, un ciel
Où l'âme n'ait plus rien retenu du réel
Que les choses selon sa nuance et qu'elle aime :
Des cloches effeuillant leurs lourds pétales noirs
Dans l'âme qui s'allonge en canaux de silence,
Et des cygnes parés comme des reposoirs.
Ah ! toute cette vie, en moi, qui recommence,
Une vie idéale en des décors élus
Où tous les jours pareils ont des airs de dimanches,
Une vie extatique où ne cheminent plus
Que des rêves, vêtus de mousselines blanches…
Or ces rêves triés ont de câlines voix,
Voix des cygnes, voix des cloches, voix de la lune,
Qui chantonnent ensemble et n'en forment plus qu'une
En qui l'âme s'exalte et s'apaise à la fois.
De même la Nature a fait comme notre âme
Et choisit, elle aussi, des bruits qu'elle amalgame,
Se berçant aux frissons des arbres en rideau,
Lotionnant sa plaie aux rumeurs des écluses…
Voix chorale qui sait, pour ses peines confuses,
Unifier des bruits de feuillages et d'eau !

VII

Rien que des rêves doux et vagues, songeries
Où l'on se laisse aller comme au fil d'un cours d'eau

Quand du brouillard s'allonge en opaque rideau
Que les fanaux du soir sèment de pierreries.
Les arbres ont un air de fusain ébauché ;
La brume, sur les bords, ouvre des cassolettes ;
On devine une ville autour d'un évêché
Dans le brouillard brodé de fines gouttelettes
Dont la blancheur voyage à l'horizon confus.

Ainsi notre âme rêve et dérive en ses rêves
Qui, parmi leur brouillard, ont aussi des refus,
Des entrebâillements, des apparitions brèves
Les rendant plus encore désirables et chers :
Songes dans de la ouate et dans de la fumée,
Mystère d'une vie au lointain présumée,
Curiosité d'âme – et nulle soif des chairs !
Mais songer seulement aux saintes des verrières,
Aux femmes des portraits, aux vierges des missels,
Aux reines de légende, aux béguines tourières,
– Des anges, dirait-on, à peine corporels ! –
Et rêver avec l'une une amitié très douce
Parce qu'elle a semblé plus pâle et qu'elle tousse…
Ah ! cette toux, qui fait du mal comme un grand vent
Et qui vient me troubler de derrière les portes !
Une toux qu'on dirait pleine de feuilles mortes
Et qui ventile au loin les dortoirs du couvent !

VIII

Mon âme dans le rêve a trouvé plus de charmes
Car tout effort s'achève en perles de sueur
Qui nous semblent au front des couronnes de larmes.
Les bonheurs temporels, ce n'est pas le bonheur !
Et tout cela, sans joie et sans signifiance,
Qu'est-ce à côté du rêve auquel je me fiance ?
D'autres ont l'orgueil vain d'imposer leur vouloir
Et d'assembler la foule autour de leur parole ;
Fallacieux désir ! Naïve gloriole

Qui vient tenter mon âme en son grand nonchaloir !
Lors mon âme répond : « Je ne suis pas des vôtres… »
Chimère de vouloir être au rang des Apôtres
Que le peuple louange et met sur des pavois,
Sans délayer son âme et délayer sa voix.

Mais si totalement qu'en soi-même on abdique
Pour se garder du moins une âme véridique,
Si débile qu'on semble et si distant qu'on soit,
Peut-être qu'on exerce un pouvoir malgré soi,
Car la Force souvent est bénigne et se laisse
Conduire ou mitiger par la Toute-Faiblesse.
Ainsi la lune, à son insu, du haut de l'air,
Toute loin qu'elle soit du tumulte des houles,
Attire avec ses yeux la douleur de la mer…

Mon âme, sois ce clair de lune sur les foules…

IX

Aux vitres de notre âme apparaissent le soir
Des visages anciens demeurés dans le verre ;
Leur souvenir, malgré le temps, y persévère,
Visages du passé qu'on souffre de revoir :
Fronts sans cesse pâlis ; lèvres déveloutées ;
Yeux couverts chaque jour d'ombres surajoutées
Et qui dans la mémoire achèvent de mourir…
Visage d'une mère ou visage de femme
Qui jadis ont vécu le plus près de notre âme.
Encore si l'on pouvait un peu les refleurir
Ces faces, dans le verre, à peine nuancées
Et voir distinctement leurs traits dans nos pensées !
Faces mortes toujours près de s'évanouir
Et sans cesse émergeant, – sitôt qu'on les oublie, –
Au fil de l'âme, en des détresses d'Ophélie
Dont les cheveux de lin ont un air de rouir…
Ah ! comment essayer d'avoir un peu de joie

Quand les vitres de l'âme aimante sont de l'eau
où reparaît sans cesse et sans cesse se noie
Un doux visage intermittent dans un halo !

X

Combien de souvenirs anciens, combien de choses
Se dédorent en nous aux limbes de l'oubli ;
Le missel ne sait plus la page où fut le pli,
Le jardin ne sait plus où sont mortes les roses.
Combien de souvenirs qui sont des pastels nus,
Portraits évaporés dont se brisa le verre,
Nous étant maintenant comme des inconnus
Où la mort du couchant seule se réverbère...
Combien de souvenirs, mais si vite oubliés !
La rivière bientôt dilue en son eau triste
Le reflet balancé des heureux peupliers.
Ah ! comme tout s'en va ! comme rien ne persiste !
Comme tout cet amas en nous de vieux décors
Pâlement restitue au fond de la mémoire
Un peu de la féerie en gaze rose et noire ;
Et comme l'air lui-même est oublieux des cors
Qui firent, dans des soirs éloignés, violence
À la virginité pensive du silence ;
Mais l'air en garde à peine un souvenir rosé ;
L'air est non moins guéri, non moins cicatrisé
Que de quelque blessure infime d'ariette...

Comme tout se déprend ! comme tout s'émiette !

XI

Heures tristes de l'âme : états intermédiaires
Où l'âme ne sait plus définir ses ennuis
Ni trier l'ancien buis fané du nouveau buis ;
Heures vagues où monte un chant de lavandières,
Mais quels linges leurs mains trempent-elles dans l'eau :

Nappes d'autels, rochets des grand-messes pascales
Ou batistes de nos armoires conjugales ?
Heures d'aspect confus : automne ou renouveau ?
Est-il du soir ou du matin, ce crépuscule ?
Il neige : mais c'est-il des fleurs ou des flocons ?
Est-ce un malheur qui vient ? un malheur qui recule ?
Quel est le clair-obscur où nous équivoquons ?
Heures où l'âme voit, à travers les persiennes,
Tandis qu'elle s'éveille en sa chambre sans bruit,
Filtrer et se couler des clartés mitoyennes ;
Entre-t-on dans le jour ? Entre-t-on dans la nuit ?

XII

Heures troubles de l'âme aux multiples échos
Où pour des riens : un peu de cloches dans la brume,
La douleur des métaux, au loin, sur quelque enclume,
Le bruit mouillé de deux rames à temps égaux
Qui fauchent le silence au long d'une rivière,
Heures troubles où pour ces riens l'âme s'émeut
Et trouve un air étrange à l'ambiance entière :
Ainsi le soleil luit ; pourtant voilà qu'il pleut !
Et ces oiseaux, là-bas, volant devant les portes,
Qui font des croix avec l'ombre de leurs vols noirs !
Le parfum qu'on croyait latent dans les mouchoirs
Hante comme un retour de l'âme des fleurs mortes…
Tout devient nostalgique et commémoratif ;
Le jet d'eau raccourci prend la forme d'un if ;
La fumée, au-dessus du douteux paysage,
Doucement se déroule en langoureux tissu
Où menace, dans l'air, un texte entraperçu,
Et, dans la lune pâle, on a peur d'un visage.

XIII

Mon âme sent parfois dans le soir équivoque
Des ombres s'appuyer sur elle ; et l'on dirait

Qu'à côté du Bon Rêve ordinaire apparaît
Un Mauvais Rêve qui par gestes le provoque ;
L'Âme, tout en suspens, les regarde marchant
Et, muette, s'allonge autour d'eux comme un champ…
Vont-ils atermoyer pour un peu leurs querelles ?
L'un erre, apprivoiseur de blanches tourterelles,
Qui mettent dans un coin de mon âme l'émoi,
La fraîcheur de leur queue en éventail de neige.
L'autre passant, par on ne sait quel sortilège,
Attire des essaims de grands corbeaux en moi
De qui le vol s'égrène en douloureux rosaire ;
Et je sens dans mon âme, où s'amasse le soir,
Devant ces deux témoins riant de ma misère,
Recommencer sans cesse un combat blanc et noir.

XIV

Le sommeil remédie aux amers nonchaloirs,
Le sommeil remédie au mal qui nous arrive
Et ceint de nénuphars le front à la dérive ;
Câlin, il nous entraîne entre ses talus noirs
Et, doucement, on sent de l'eau dans sa mémoire
En qui s'est délayé tout ancien souvenir,
Et c'est noyer son mal que d'ainsi s'endormir !
On s'enfonce dans l'eau tranquille qui se moire
Pour aller reposer dans le néant du fond
Où plus rien, jusqu'à nous, du passé ne pleuvine ;
Et c'est, – ce bon sommeil où notre âme se fond
D'une facilité d'oubli presque divine.

XV

Les jours sont arrivés où dans l'Âme il a plu
En une pluie interminable et monotone ;
L'âme souffrante a son équinoxe d'automne…
C'est fini le soleil où l'ennui s'était plu,
Le bon soleil sur les vitres toutes lamées

D'or vierge ; c'est fini la jeunesse et l'avril !
Et revoici la pluie imbibant les fumées
Qui sur les toits ont l'air de partir pour l'exil.

On sent que toute joie à présent est enfuie !
À quoi peut-il servir qu'on se reprenne encore ?
À quoi peut-il servir qu'on sonne encore du cor ?
Le son exténué se traîne dans la pluie
Et le son dans la pluie erre comme un radeau.
Ah ! cette pluie en nous ! c'est comme une araignée
Qui tisse dans notre âme avec ses longs fils d'eau
Inexorablement une toile mouillée !
Sans cesse cette pluie à l'âme, ce brouillard
Qui se condense et fond en bruines accrues ;
Comme on a mal à l'Âme, et comme il se fait tard !
Et l'âme écoute au loin pleuviner dans ses rues…

Du silence

I

Silence : c'est la voix qui se traîne, un peu lasse,
De la dame de mon Silence, à très doux pas
Effeuillant les lis blancs de son teint dans la glace ;
Convalescente à peine, et qui voit tout là-bas
Les arbres, les passants, des ponts, une rivière
Où cheminent de grands nuages de lumière,
Mais qui, trop faible encore, est prise tout à coup
D'un ennui de la vie et comme d'un dégoût
Et, – plus subtile, étant malade, – mi-brisée,
Dit : « Le bruit me fait mal ; qu'on ferme la croisée… »

II

Douceur du soir ! Douceur de la chambre sans lampe !
Le crépuscule est doux comme une bonne mort
Et l'ombre lentement qui s'insinue et rampe
Se déroule en fumée au plafond. Tout s'endort.

Comme une bonne mort sourit le crépuscule
Et dans le miroir terne, en un geste d'adieu,
Il semble doucement que soi-même on recule,
Qu'on s'en aille plus pâle et qu'on y meure un peu.

Sur les tableaux pendus aux murs, dans la mémoire
Où sont les souvenirs en leurs cadres déteints,
Paysages de l'âme et paysages peints,
On croit sentir tomber comme une neige noire.

Douceur du soir ! Douceur qui fait qu'on s'habitue
À la sourdine, aux sons de viole assoupis ;
L'amant entend songer l'amante qui s'est tue
Et leurs yeux sont ensemble aux dessins du tapis.

Et langoureusement la clarté se retire ;
Douceur ! Ne plus se voir distincts ! N'être plus qu'un !
Silence ! deux senteurs en un même parfum :
Penser la même chose et ne pas se le dire.

III

Silence de la chambre assoupie et gagnée
Par de l'ombre qui tend ses toiles d'araignée
Dans les angles, obscurs les premiers, où l'essor
Des rêves va finir son vol de mouches d'or !
Silence où toute l'âme assombrie est encline
À se sentir de plus en plus comme orpheline,
Toute seule parmi le soir endolori
À revoir son passé comme un tombeau fleuri.

Et le songeur muet resonge à son enfance
Qui s'écoule et qui fond dans cet obscur silence
Dont le vague se mêle à son plus vague ennui.
D'entre dans du noir et du noir entre en lui
Et la sensation lui vient, douce et suprême,
De changer peu à peu tout en restant lui-même.

Douceur de ce silence et de ne plus savoir
S'analyser et d'être à ce point qu'on croit voir
Des fils d'ombre dans la chambre de sa mémoire
Descendre et se confondre en une tache noire
Comme la toile d'une araignée où l'essor
Des songes va finir son vol de mouches d'or.
Et tout s'éteint ! Plus de rêve qui se dévide !
Douceur ! penser du vague et regarder du vide !

IV

Seuls les rideaux, tandis que la chambre est obscure,
Tout brodés, restent blancs, d'un blanc mat qui figure
Un printemps blanc parmi l'hiver de la maison.
Sur les vitres, ce sont des fleurs de guérison

Pareilles dans le soir à ces palmes de givre
Que sur les carreaux froids les nuits d'hiver font vivre.

Et dans ces floraisons de guipure on croit voir
Tous les souvenirs blancs parmi le présent noir :
Ce sont les rideaux clairs du berceau ; c'est la bonne
Aïeule aux cheveux blancs en bandeaux de madone ;

Ce sont les grands jardins d'enfance où les pommiers
Étaient poudrés ; ce sont les cierges coutumiers
Et les nappes d'autel pour les communiantes ;
C'est l'hostie aux lys purs de leurs lèvres priantes ;
Puis c'est le clair de lune épars comme du lait
Dans la forêt magique où l'Art nous appelait
Parmi sa gloire et ses blancheurs éternisées !
Puis la guirlande en fleur au front des épousées
Dont l'espoir doux se fane irréparablement
Parmi cette blancheur vaporeuse qui ment.
Car le leurre est rapide en cette ombre équivoque,
Et tous les autres blancs du passé qu'on évoque
Vont se faner avec les souvenirs d'amour
Quand descendra dans les rideaux la mort du jour.

V

Les miroirs, par les jours abrégés des décembres,
Songent – telles des eaux captives – dans les chambres,
Et leur mélancolie a pour causes lointaines
Tant de visages doux fanés dans ces fontaines
Qui s'y voyaient naguère, embellis du sourire !
Et voilà maintenant, quand soi-même on s'y mire,
Qu'on croit y retrouver l'une après l'autre et seules
Ces figures de sœurs défuntes et d'aïeules
Et qu'on croit, se penchant sur la claire surface,
Y baiser leurs fronts morts, demeurés dans la glace !

VI

Il flotte une musique éteinte en de certaines
Chambres, une musique aux tristesses lointaines
Qui s'apparie à la couleur des meubles vieux…
Musique d'ariette en dentelle et fumée,
Ariette d'antan qu'on aurait exhumée,
Informulée encore, et qu'on cherche des yeux :
Rythmes se renouant, musique qui tâtonne,
Le vieil air se dégage un peu, se nuançant
Grâce au pianotement de la pluie, en automne,
Sur les vitres ; et l'air, changé comme un absent,
Réapparaît soudain en des grâces fluettes ;
Puis peu à peu précis, on retrouve ses traits
Et tout l'air passe encore dans les chambres muettes…
Oh ! musique rapprise aux lèvres des portraits !

VII

La chambre avait un air mortuaire et ferme
Dans cette hôtellerie, en une ville morte,
Où nous avons vécu, ce divin soir de mai !
Silencieusement se referma la porte,
Comme en peine de voir entrer notre bonheur.
Et nous allions à pas étouffés, pris de peur,
Comme on entre dans la chambre d'une malade…
Il flottait quelque chose encore d'une odeur fade
D'anciens bouquets mêlés jadis à des baisers
Et maintenant défunts en d'invisibles verres.
Et les sombres rideaux aux plis éternisés
Et les meubles d'un luxe âgé, froids et sévères,
Gardaient sur eux de la poussière en flocons noirs
Qui parmi l'autrefois des étoffes fanées
Mélancoliquement, depuis tant de longs soirs,
Avaient neigé du lent sablier des années !

Chambre étrange : on eût dit qu'elle avait un secret
D'une chose très triste et dont elle était lasse

D'avoir vu le mystère en fuite dans la glace !…
Car notre amour faisait du mal à son regret.
Et même lorsque avec des mains presque dévotes
Tu vins frôler le vieux clavecin endormi,
Ce fut un chant si pâle et si dolent parmi
La solitude offerte au réveil des gavottes
Que tu tremblas comme au contact d'un clavier mort.
Et muets, nous sentions, dans cette chambre étrange
Avec qui notre joie était en désaccord,
L'hostilité d'un grand silence qu'on dérange !

VIII

Dans le silence et dans le soir de la maison
A retenti le carillon de la pendule.
On ne sait si joyeux ou triste, un air ondule :
Tantôt le chapelet de l'heure en oraison ;
Puis ce semble un oiseau si peu viable et frêle
Qui se baigne et qui joue avec des perles d'eau ;
Puis du verre qui pleut mêlé de fer qui grêle ;
Étincelles de bruit sous un vague marteau,
Musique d'une noce au retour, clopinante
Qui monte un escalier tournant, et disparaît ;
Bruit de verres choqués, cristal qui se lamente,
Grelots de la Folie – oh ! valses, vin clairet,
Carnaval fatigué de danses enragées
Qui s'en revient vidé d'argent et de raison
Et qui laisse dégringoler dans la maison
Ses derniers confettis, des sous et des dragées.

IX

Les dimanches : tant de tristesse et tant de cloches !
Volets fermés, outils au repos, piano
Grêlement tapoté par des doigts sans anneau,
Des doigts de vierges dont les cœurs sont sans reproches.

Solitude où quelques passants ; Vêpres qui geint ;
Couleur de demi-deuil planant sur les dimanches,

Avec de la fumée en lentes vapeurs blanches
Et du triste dans l'air comme un jour de Toussaint.

Silence des quartiers monotones. L'espace
Est indistinct, d'un vague où tout semble éloigné ;
Et l'on entend, tandis que le soir a saigné,
Les lointains cris d'enfants en oubli de la classe.

Soi-même, dans la rue, on regrette les bons
Naguères parmi la maison familiale
Et son enfance et l'Âme en ce temps liliale
Et la tiède chaleur de lampe et de charbons.

Les dimanches : tant de tristesses ! tant de cloche
Vers le faubourg où la lenteur des pas conduit…
Une lanterne en ce commencement de nuit
S'éclaire doucement comme un œil qui reproche.

L'horizon noir ressemble à des linceuls cousus…
Puis voici qu'un second réverbère s'allume
Triste, si triste au loin, clignotant dans la brume,
Tous deux, – comme les yeux d'enfants qu'on n'a pas
    eus.

X

Musiques de la rue : accordéons
Qu'une chanson amoureuse commente,
Rythme indistinct auquel nous suppléons,
Qui du meilleur de nous rit et s'augmente ;

Clairons de cuivre au-devant des soldats,
Processions, chants des catéchumènes,
Marche guerrière ou psaumes presque bas
Psalmodiés par des lèvres amènes ;

Toute la joie éparse dans le bruit :
Accords lointains qui traversent les vitres

De notre âme, violons dans la nuit,
Tambours mêlés aux boniments des pitres,

Fête des sons ! Ivresse des crincrins !…
Pourtant rien n'est plus triste, rien ne glace
Quand on fléchit pour sa part de chagrins
Que d'entendre la musique qui passe.

XI

Ah ! vous êtes mes sœurs, les âmes qui vivez
Dans ce doux nonchaloir des rêves mi-rêvés
Parmi l'isolement léthargique des villes
Qui somnolent au long des rivières débiles ;
Âmes dont le silence est une piété,
Âmes à qui le bruit fait mal ; dont l'amour n'aime
Que ce qui pouvait être et n'aura pas été ;
Mystiques réfectés d'hostie et de saint chrême ;
Solitaires de qui la jeunesse rêva
Un départ fabuleux vers quelque ville immense,
Dont le songe à présent sur l'eau pâle s'en va,
L'eau pâle qui s'allonge en chemins de silence…
Et vous êtes mes sœurs, âmes des bons reclus
Et novices du ciel chez les Visitandines,
Âmes comme des fleurs et comme des sourdines
Autour de qui vont s'enroulant les angélus
Comme autour des rouets la douceur de la laine !
Et vous aussi, mes sœurs, vous qui n'êtes en peine
Que d'un long chapelet bénit à dépêcher
En un doux béguinage à l'ombre d'un clocher,
Oh ! vous, mes Sœurs, – car c'est ce cher nom que
        l'Église
M'enseigne à vous donner, sœurs pleines de douceurs,
Dans ce halo de linge où le front s'angélise,
Oh ! vous qui m'êtes plus que pour d'autres des sœurs
Chastes dans votre robe à plis qui se balance,
Ô vous mes sœurs en Notre Mère, le Silence !

XII

L'hostie est comme un clair de lune dans l'église.

Or les songeurs errants et les extasiés
Qui vont par les jardins où dans une ombre grise
Des papillons fripés meurent sur les rosiers,
Ceux que la nuit pieuse a pour catéchumènes
Regardant l'astre à la chevelure d'argent
Peu à peu croient y voir un sourire indulgent,
Un visage d'aïeule et des lèvres humaines !

Or l'hostie est un clair de lune au fond du chœur !
Et tandis que l'encens azure le silence
Et que l'orgue au jubé déroule sa langueur,
Qu'à peine un encensoir mollement se balance,
Tous les benoîts chrétiens dans l'hostie ont cru voir,
– Comme un visage dans la lune qui se lève, –
La face aux cheveux d'or d'un doux Jésus qui rêve
Et qui se rend visible à ses amis du soir !

XIII

Dans l'étang d'un grand cœur quand la douleur
    s'épanche
Comme du soir, et met un sain d'ombre et de nuit
Sous la surface en fleur de cette eau longtemps blanche
Qui, durant le soleil et le bonheur enfui,
N'avait rien reflété que le songe des rives,
Alors l'étang du cœur se colore soudain
D'un mirage agrandi dans le noir des eaux vives :
Arbres longs et mouillés d'un nocturne jardin,
Maisons se décalquant, étoiles délayées.
Tout se précise et se nuance maintenant
Dans ces routes de l'eau que le soir a frayées.
Et la douleur qui fait de l'âme un lac stagnant
La remplit de lueurs et de nobles pensées
Qui sont comme, dans l'eau, les branches balancées ;

72

Et la remplit aussi de grands rêves qui sont
Comme, dans l'eau, les tours se mirant jusqu'au fond.

Or parmi cette eau morte et pourtant animée
Surnage ton visage, ô toi, l'unique Aimée !
Et ton visage blanc dans la lune sourit,
La lune de profil, la lune émaciée
– Ô la visionnaire, et la suppliciée ! –
Qui douloureusement dans l'eau froide périt ;
Car la douleur accrue éteint tous les mirages
Et des cygnes, nageant vers la face au halo,
Les cygnes noirs du désespoir, durs et sauvages,
Inexorablement la déchirent dans l'eau !

XIV

Chagrin d'être un sans gloire qui chemine
Dans le grand parc d'octobre délabré.
Chagrin encore de s'être remembré
Le printemps vert que le vent dissémine,

Le vent qui pleure, au loin, comme un tambour
Battant l'appel des anciennes années.
Et l'on se sent, dans l'exil du faubourg,
Les yeux aussi pleins de choses fanées.

Et, bien qu'en la jeunesse encore – on croit
Que son printemps a presque un air d'automne,
Avec l'ennui d'un jet d'eau monotone
Dont la chanson, comme un amour, décroît.

Et, triste à voir le vent froid qui balance
Des fils de la Vierge fins et frileux,
On s'imagine en ce parc de silence
Que ces fils blancs entrent dans les cheveux.

XV

Ô neige, toi la douce endormeuse des bruits
Si douce, toi la sœur pensive du silence,

Ô toi l'immaculée en manteau d'indolence
Qui gardes ta pâleur même à travers les nuits.
Douce ! tu les éteins et tu les atténues
Les tumultes épars, les contours, les rumeurs ;
Ô neige vacillante, on dirait que tu meurs
Loin, tout au loin, dans le vague des avenues !
Et tu meurs d'une mort comme nous l'invoquons,
Une mort blanche et lente et pieuse et sereine,
Une mort pardonnée et dont le calme égrène
Un chapelet de ouate, un rosaire en flocons.
Et c'est la fin : le ciel sous de funèbres toiles
Est trépassé ; voici qu'il croule en flocons lents,
Le ciel croule ; mon cœur se remplit d'astres blancs
Et mon cœur est un grand cimetière d'étoiles !

XVI

La lune dans le ciel nocturne s'étalait
Comme un sein chaste et nu, sein de bonne nourrice
Tendu pour les songeurs de qui c'est le caprice
De boire sa clarté blanche comme du lait.

Et c'est assez pour me nourrir. De quoi me plains-je ?
Surtout que je m'endors sur ce grand sein les soirs
De tristesses et de recommencements noirs…
Et le ciel tout autour a des fraîcheurs de linge.

XVII

À l'heure délicate où comme de l'encens
Le jour se décompose en molles vapeurs bleues,
Va dans l'abandon noir des quartiers finissants,
Va donc, ô toi dont l'âme est la sœur des banlieues,
Toi dont l'âme est morose et souffre au moindre bruit,
À travers le faubourg, comme au hasard construit,
Le faubourg où la ville agonise et s'achève
Dans du brouillard, dans de l'eau morte et dans du
    rêve…

Et vois ! tout au lointain parmi des fonds aigris
S'allumer droitement la ligne des lanternes
Mettant leur ganse jaune au long des chemins gris.
Oh ! lanternes debout sur les horizons ternes !
Survivance de la lumière dans le soir,
Survivance de la jeunesse dans la vie !
Ces lueurs devant toi, sur la route suivie,
– Calices d'or s'ouvrant en dépit du vent noir –
Vois ! c'est tout ce qui reste, en ce doux crépuscule,
Du soleil mort, de ta jeunesse qui recule :
Quelques vagues espoirs de gloires et d'amours,
Quelques vagues clartés dans la pâleur des verres
Que l'avenir, pareil à ces mornes faubourgs,
Te garde en ses mélancoliques réverbères !

XVIII

Des cloches, j'en ai su qui cheminaient sans bruit,
Des cloches pauvres, qui vivaient dans des tourelles
Sordides, et semblaient se lamenter entre elles
De n'avoir de repos ni le jour ni la nuit.

Des cloches de faubourg toussotantes, brisées ;
Des vieilles, eût-on dit, qui dans la fin du jour
Allaient se visiter de l'une à l'autre tour,
Chancelantes, dans leurs robes de bronze usées.

XIX

Les cygnes blancs, dans les canaux des villes mortes,
Parmi l'eau pâle où les vieux murs sont décalqués
Avec des noirs usés d'estampes et d'eaux-fortes,
Les cygnes vont comme du songe entre les quais.

Et le soir, sur les eaux doucement remuées,
Ces cygnes imprévus, venant on ne sait d'où,
Dans un chemin lacté d'astres et de nuées
Mangent des fleurs de lune en allongeant le cou.

Or ces cygnes, ce sont des âmes de naguères
Qui n'ont vécu qu'à peine et renaîtront plus tard,
Poètes s'apprenant aux silences de l'Art,
Qui s'épurent encore en ces blancs sanctuaires,

Poètes décédés enfants, sans avoir pu
Fleurir avec des pleurs une gloire et des nimbes,
Âmes qui reprendront leur Œuvre interrompu
Et demeurent dans ces canaux comme en des Limbes !

*

* *

Mais les cygnes royaux sentant la mort venir
Se mettront à chanter parmi ces eaux plaintives
Et leur voix presque humaine ira meurtrir les rives
D'un air de commencer plutôt que de finir…

Car dans votre agonie, ô grands oiseaux insignes,
Ce qui chante déjà c'est l'âme s'évadant
D'enfants-poètes qui vont revivre en gardant
Quelque chose de vous, les ancêtres, les cygnes !

XX

Dans l'horizon du soir où le soleil recule
La fumée éphémère et pacifique ondule
Comme une gaze où des prunelles sont cachées ;
Et l'on sent, rien qu'à voir ces brumes détachées,
Un douloureux regret de ciel et de voyage,
Car la blanche fumée est la sœur du nuage
Et va vers les lointains où se mêlent en rêve
L'odeur fanée et la musique qui s'achève.

Et la fumée entraîne en ses molles spirales
L'âme s'exténuant des cloches vespérales
Qui s'éteint avec elle en très lente agonie ;
Et tout le triste doux d'une chose finie
Et tout le triste doux d'une chose en allée

Subsiste après ce bleu de vapeur exhalée
Comme si la fumée, on savait qu'elle porte
Un linceul impalpable à quelque étoile morte !

XXI

Très défuntes sont les maisons patriciennes
Et très dorénavant closes dans du silence
Parmi des quartiers froids, en des villes anciennes,
Où les pignons, pris d'une inerte somnolence,
Ne voient plus rien de grand, dans le soir diaphane,
Qui descende sur eux du soleil qui se fane ;
Et, pour fleurir le deuil de ces vieilles demeures
Qui sont les tombeaux noirs des choses disparues,
Seul le carillon lent sème tous les quarts d'heures
Ses lourdes fleurs de fer dans le vide des rues !

XXII

Les canaux somnolents entre les quais de pierre
Songent, entre les quais rugueux, comme en exil,
Sans paysage clair qui se renverse au fil
De l'eau qui rêve, – ainsi s'isole une âme fière. –
L'âme de l'eau captive entre les quais dormants
Où le ciel se transpose en pensive nuance
Dont la douceur à du silence se fiance.
Quelques nuages seuls cheminent par moments
Dans les canaux muets aux eaux inanimées
Qui semblent des miroirs reflétant des fumées.
Puis le ciel s'unifie, incolore et profond,
Et les pâles canaux entre leurs quais de pierre
Sont sans mirage, – ainsi dédaigne une âme fière, –
Et tout passage d'aile en leur cristal se fond ;
Plus rien n'entre parmi leurs eaux coagulées
Dont la blancheur ressemble à des vitres gelées
Derrière qui l'on voit, dans le triste du soir,
L'âme de l'eau, captive au fond, qui persévère

À ne rien regretter du monde en son lit noir
Et qui semble dormir dans des chambres de verre !

XXIII

Mon rêve s'en retourne en souvenirs tranquilles
Vers votre humilité, vieilles petites villes,
Villes de mon passé, villes élégiaques,
Si dolentes les soirs de Noël et de Pâques,
Villes aux noms si doux : Audenarde, Malines,
Pieuses, qui priez comme des Ursulines
En rythmant des avé sur les carillons tristes !
Oh ! villes de couvents, villes de catéchistes,
Avec la sainte odeur des encens et des cires,
Villes s'assoupissant, si doucement martyres
De n'avoir pas été suffisamment aimées,
Qui, dégageant le gris mourant de leurs fumées
Comme une plainte d'âme exténuée et vierge,
Agonisent dans le brouillard qui les submerge.

Ensommeillement doux de mes villes natales
Que, le soir, je retrouve en des marches mentales ;
Mais, le long des vieux quais, ô mon rêve, où tu erres,
Hélas ! tu reconnais des maisons mortuaires
Que dénoncent, jusqu'à l'obit, parmi la brume,
Ce cérémonial d'une antique coutume :
Un nœud de crêpe noir qui flotte sur les portes ;
On dirait des oiseaux cloués, des ailes mortes…
Puis, sur les volets clos, une grande lanterne
Pend, de qui la lueur si grelottante et terne
Brûle, en forme de cœur, dans la prison du verre.
C'est comme de la vie encore qui persévère
Et l'on croirait que l'âme ancienne est là qui pleure
Et guette pour rentrer un peu dans sa demeure !

XXIV

En province, dans la langueur matutinale
Tinte le carillon, tinte dans la douceur

De l'aube qui regarde avec des yeux de sœur,
Tinte le carillon, – et sa musique pâle
S'effeuille fleur à fleur sur les toits d'alentour,
Et sur les escaliers des pignons noirs s'effeuille
Comme un bouquet de sons mouillés que le vent cueille ;
Musique du matin qui tombe de la tour,
Qui tombe de très loin en guirlandes fanées,
Qui tombe de Naguère en invisibles lis,
En pétales si lents, si froids et si pâlis
Qu'ils semblent s'effeuiller du front mort des Années.

XXV

La ville est morte, morte, irréparablement !
D'une lente anémie et d'un secret tourment,
Est morte jour à jour de l'ennui d'être seule…
Petite ville éteinte et de l'autre temps qui
Conserve on ne sait quoi de vierge et d'alangui
Et semble encore dormir tandis qu'on l'enlinceule ;
Car voici qu'à présent, pour embaumer sa mort,
Les canaux, pareils à des étoffes tramées
Dont les points d'or du gaz ont faufilé le bord,
Et le frêle tissu des flottantes fumées
S'enroulent en formant des bandelettes d'eau
Et de brouillard, autour de la pâle endormie
– Tel le cadavre emmailloté d'une momie –
Et la lune à son front ajoute un clair bandeau !